Manuel Kerstan

Semantisches Web

State of the art und Entwicklungstrends

Manuel Kerstan

# Semantisches Web

**State of the art und Entwicklungstrends**

GRIN Verlag

Bibliografische Information der Deutschen Nationalbibliothek: Die Deutsche Bibliothek verzeichnet diese Publikation in der Deutschen Nationalbibliografie; detaillierte bibliografische Daten sind im Internet über http://dnb.d-nb.de/ abrufbar.

**1. Auflage 2007**
**Copyright © 2007 GRIN Verlag**
**http://www.grin.com/**
**Druck und Bindung: Books on Demand GmbH, Norderstedt Germany**
**ISBN 978-3-638-91863-3**

# HAUSARBEIT

im Fach Wirtschaftsinformatik an der

**Hochschule
für Technik, Wirtschaft
und Kultur Leipzig (FH)**

Fachbereich Wirtschaftswissenschaften
Studiengang Betriebswirtschaft

**Thema:
„Semantisches Web – State of the art und Entwicklungstrends"**

Eingereicht von:        Manuel Kerstan

# Zusammenfassung

„Semantisches Web – State of the art und Entwicklungstrends"
von Manuel Kerstan

Die wahrscheinlich bedeutendste Erfindung nach dem Rad war die weltweite Vernetzung der Menschen durch das Internet. Dadurch ist unsere Welt transparent und sehr kommunikativ geworden. Allerdings ist zu Beginn des 21. Jahrhunderts diese Entwicklung soweit vorangeschritten, dass die Menschheit im Datenaufkommen und Vielfalt zu ersticken droht. Unabhängig von dieser Vielfalt, beinhaltet das aktuelle Internet eine konzeptuelle Unzulänglichkeit. Diese liegt darin begründet, dass das Web im eigentlichen Sinne nur ein Transport- und Präsentationsmedium für Dokumente ist. Inhalte sind für Computer zwar lesbar, aber nicht „versteh- oder interpretierbar". Suchanfragen verweisen via Volltexterkennung sehr häufig auf tausende „Treffer", welchen aus Zeit- und Effektivitätsgründen nicht nachgegangen werden kann. Der Ruf nach einem „intelligenteren Internet", welches Wissen, relevante Informationen und Lösungen statt tausender Dokumente liefert, wird immer lauter. Um diesen Problemen zu begegnen, sollen die Visionen des Interneterfinders *Tim Berners-Lee* vom *Semantischen Web* ausführlich vorgestellt werden. Die Idee des Semantischen Webs ist, Informationen so aufzubereiten, dass Computer darauf algorithmisch arbeiten und semantische Zusammenhänge automatisch ableiten können. Das bisherige Web soll dafür durch eine zusätzliche Schicht strukturierter Semantik erweitert werden. Hierzu ist zunächst Mehrarbeit menschlicher Autoren nötig, die ihre Informationen mit einer geeigneten Sprache um eine semantische Beschreibung erweitern muss. Ist aber diese zusätzliche Arbeit getan - und es gibt auch schon Ansätze diesen Prozess ansatzweise zu automatisieren - eröffnet sich mit der Realisierung des Semantischen Webs eine Fülle von faszinierenden, neuen Anwendungen. Erste Prototypen und erfolgreiche Projekte sollen in diesem Rahmen vorgestellt werden. Sie sind ein Vorgeschmack auf die künftige Internetnutzung. Diese Arbeit fokussiert insbesondere Verfahren, mit welchen den Computern die Bedeutung der im Web enthaltenen Informationen gelehrt werden können. State of the art und denkbare Entwicklungstendenzen sollen ergründet werden. Ergänzend wird eine gezielte Untersuchung der momentan sehr populären und eher benutzerbetonten Web 2.0-Technologien vorgenommen. Sie soll die Frage klären, ob diese beiden auf den ersten Blick konträren Herangehensweisen zur selbsternannten „(R)evolution des

Webs" wirklich differieren oder ausbaufähige Schnittstellen zum Semantischen Web existieren.

# Abstract

„Semantic Web – State of the art and trends of development"
by Manuel Kerstan

The most important invention of the 20th century was the *World Wide Web*. Though this our world became transparent and communicative. In the beginning of the 21$^{th}$ century the process of the development of this network produces a lot of data smog. Independently of this diversity it consist a gap of concept inside. It's the fact that the internet itself is only a transportation and presentation medium. The contents are readable for PC´s, but not interpretable. A query refers thousands of hits, which can't be all looked. There was a call for a more intelligent web, which provides relevant information's instead of thousands of documents. To solve the problems the ideas of Tim Berners-Lee, the inventor of the web, should be visualised. The idea of the *Semantic Web* is to prepare information's that PC´s can work in semantic contexts. The web gets an additional Layer of a semantic structure, but this need the support of the human actor, who has to add a semantic description. This process could be automated and with the realisation of the Semantic Web there are many and diverse uses. First projects and prototypes should be presented in this context. This work focuses practices which important information's in the web could have for PC´s. State of the art and other tendencies should be fathomed. Accordingly there's a focussed survey about actual and popular web 2.0 technologies. There should be answered if the first sight of contrary approach of the self-appointed "(r)evolution of the web" exist or if there are gateways to the semantic web.

# Inhaltsverzeichnis

# Einführung

## 1.1 ZIELSTELLUNG, THEMENABGRENZUNG UND VORGEHENSWEISE

Diese Hausarbeit verfolgt den Anspruch, den *aktuellen Entwicklungsstand* des Internets zu Beginn des 21. Jahrhunderts aufzuzeigen. Mit Fokus auf die Visionen des Internetbegründers *Tim Berners-Lee* vom *Semantischen Web*, soll dessen mögliche zukünftige Funktionsweise, Bedeutung und Potenzial untersucht werden. Ausgehend von der Problematik des *Suchens und Findens* im heutigen World Wide Web, soll die *Zweckmäßigkeit* eines solchen semantisch angereicherten Webs aufgezeigt werden [*Kapitel 1*]. Schlüssel zu solch einem *echten* Quantensprung im Internet, ist die zugrunde liegende *Technologie. Aktueller Stand* und *erfolgreiche Anwendungen*, insbesondere der Auszeichnungssprache zur Beschreibung von Wissensbeziehungen *Resource Description Framework* (nachfolgend *RDF*) und den damit erstellten komplexen Datenrepräsentationen in Form von *Ontologien,* sollen eingehend zum Verständnis der Funktionsweise des Semantischen Webs erläutert werden [*Kapitel 2+Anhang*]. Gegenstand der Untersuchung sind weiterhin die bewusst benutzerorientierten Technologien des so genannten "*Web 2.0*", die derzeit eine Wende im Netzverständnis und –Nutzung einläuten. Eine Analyse bemerkenswerter *Web 2.0-Technologien und –Anwendungen* soll zeigen, welche *Wechselwirkungen* und *Schnittmengen* zum *Semantischen Web* bestehen und welche Erkenntnisse in die weitere Entwicklung semantischer Technologien einfließen könnten. [*Kapitel 3 + Anhang*].

Abschließend sollen die *Ergebnisse* zusammengefasst und offene Punkte für die weitere Zukunft des *Semantischen Webs* abgeleitet werden [*Kapitel 4*].

## 1.2 PROBLEMATIK DES SUCHENS UND FINDENS IM INTERNET

Fast jeder Benutzer des Internet kennt das Problem des oft zeitraubenden *Suchens* und *tatsächlichen Findens* im heutigen Internet. Man kann nie genau sagen, ob auch wirklich die *beste* Quelle für die Suchanfrage gefunden wurde oder nicht. Es bleibt keine andere Wahl, als sich auf die Suchalgorithmen von Suchmaschinen zu verlassen. Allerdings liefern diese für eine Suchanfrage bis zu mehrere tausend „*Treffer*", welchen man theoretisch nacheinander einzeln nachgehen und nach Relevanz auswerten müsste. Ursache ist eine durch den Benutzer nicht mehr überschaubare Datenflut im Internet. Unstrukturierte Daten und isolierte Informationen erschweren massiv die Recherchen. Dieses Problem verschärft sich durch täglich neue Webseitenpublikationen und ein oftmaliges Überlappen von Informationen bei der gängigen Volltextsuche. Viele Webseiten führen die Suchwörter eher zufällig auf, ohne dass diese im Kontext zur Anfrage stehen. Andererseits liefern einige Anfragen nur unzureichende Informationsquellen, wobei der Benutzer ahnt, dass es eine *relevantere* Wissensquelle gibt. Es gibt dabei nur ein Problem: besonders im Geschäftsleben Entscheidungen unter hohem Zeitdruck schnell und auf sicherer Informationsbasis zu treffen. In diesen Augenblicken wünschen sich fast alle Suchenden ein *„intelligenteres Internet"*, eines welches sogar Fragen *direkt* beantworten kann oder man die Hilfe eines *„virtuellen Agenten"* in Anspruch zu nehmen. Bei der Suchanfrage könnte dieser Eingrenzungen vorschlagen, womöglich aus *Erfahrungen* durch die Anfragen weltweiter Anwender, die bereits ein ähnliches Problem lösen mussten. Informationen haben teilweise sehr viele Bedeutungen, die aber heute aufgrund *fehlender Semantik* von den Maschinen nicht oder nur fehlerhaft interpretiert werden können. Das benötigte Wissen verbirgt sich verteilt auf sämtlichen Rechnern und Datenbanken dieser Welt. Es geht um die Frage: „Wie könnte man diesen Problemen begegnen?" Dieser möchte der Erfinder des World Wide Web *Tim Berners-Lee* und mit ihm ein Netzwerk von Wissenschaftlern des *World Wide Web Consortiums* (nachfolgend *W3C*) entgegnen. Sie arbeiten energisch an der Realisierung des *„Semantischen Webs"*.

### 1.3 MOTIVATIONEN UND ZIELE ZUR ENTWICKLUNG DES SEMANTISCHEN WEBS

Bei der Erfindung des Internet war für *Tim Berners-Lee* von Anfang an die Implementierung von *Links* wichtig, um verschiedenste Seiten miteinander zu verknüpfen. Dies gelang mit den *Hyperlinks*, allerdings mit einem sehr geringen Informationsgehalt, da diese nur die Adresse der Seiten verraten, aber kaum etwas über deren Inhalt oder Bedeutung aussagen. Von Bedeutung sind dabei die *Metadaten* - ergänzende Daten meist im Kopf des Quellcodes, welche die *Beziehung* zweier verlinkter Seiten zueinander beschreiben können. Wenn zum Beispiel zwei Menschen ihre Webseiten verlinken, dann tun sie das, weil sie vielleicht als Kollegen oder Freunde zusammenarbeiten oder sie sich mit ähnlichen Themen beschäftigen. Menschen kennen die Bedeutungen der *Links*, Maschinen allerdings nicht. In diesen Beziehungsinformationen liegt aber ein enormes Potenzial. Das einbetten größerer Mengen an Metadaten, ließ sich mit der *Hypertext Markup Language* allerdings nicht realisieren.[1] Das *Semantische Web* versucht *Daten* und nicht nur *Dokumente* zu vernetzen, welche über das gesamte Netz und Datenbanken lose verstreut sind. Das *W3C* erklärte, dass das Web sein volles Potenzial nur ausschöpfen kann, wenn es ein Medium wird, in dem *strukturierte* und *mit Bedeutung versehene Daten* und Informationen durch Maschinen und automatisierte Werkzeuge verarbeitet und ausgetauscht werden können, wie es bisher nur Menschen vermögen. Dabei können diese völlig unabhängig voneinander entwickelt worden sein. Um dies zu ermöglichen, wollen *Berners-Lee* (als leitender Architekt, Impulsgeber und Konsensvermittler)[2], das *W3C* und eine Anzahl von externen Forschern und Industriepartnern das bisherige Web – was heute einem riesigen Buch mit verlinkten Dokumenten gleicht – in eine riesige verlinkte Datenbank umwandeln.[3] Bereits 1998 äußerte *Berners-Lee*, dass das „Konzept von maschinen-verständlichen Dokumenten keine magische künstliche Intelligenz sei, die menschliche Belange versteht, sondern vielmehr bedeutet , dass Maschinen dadurch in der Lage sind, *gut definierte Probleme* mit *gut definierten und ausgereiften Operationen* auf Basis vorhandener *gut definierter Daten* zu lösen"[4]. Das Wort „*semantisch*" bedeutet dabei auch nicht, dass die Computer die Bedeutung von allem verstehen werden, aber dass die logischen Stücke der Bedeutung durch eine Maschine zu den nützlichen *menschlichen* Enden mechanisch manipuliert werden können.[5] Das Semantische Web soll also keineswegs ein eigenes Web werden, sondern eine *Erweiterung* des heutigen Webs.

In der Folge sollen Maschinen (Computer) und Menschen besser zusammenarbeiten können. Beispielsweise soll es möglich sein, dass *Software-Agenten* komplexe Aufgaben für die Benutzer ausführen. Das *W3C* hat dabei die Aufgaben der Definition von Standards und Technologien übernommen. Sie sollen es erlauben, Daten im Web so zu definieren und verlinken, dass sie ihren jeweiligen Wissensbereich repräsentieren. Nachfolgend sollen die wichtigsten Ziele der Entwickler zur Realisierung der Visionen und daraus ableitbare Vorteile übersichtlich dargestellt werden. Das

---

[1] Vgl. Berners-Lee, Tim: Weaving a Semantic Web, MIT Technologies Conference 2001; online unter: http://www.digitaldivide.net/articles/view.php?ArticleID=20; letzter Abruf 18.01.2007
[2] Vgl. Frauenfelder, Mark: Das Unvollendete (Interview mit Tim Berners-Lee), in Technology Report, Ausgabe 11/2004, online unter: http://www.heise.de/tr/artikel/52516; letzter Abruf am 05.01.2007
[3] Vgl. W3C: Official Semantic Web Definition, online unter: http://www.w3.org/2001/sw/; letzter Abruf 02.11.2006
[4] Vgl. Berners-Lee, Tim: Semantic Web Road Map, online unter: hppt://www.w3.org/DesignIssues/Semantic.html; letzter Abruf 25.11.2006
[5] Vgl. Tauberer, Joshua: What is RDF?, online unter: http://www.xml.com/lpt/a/1665; letzter Abruf 03.03.2007

wirklich dahinter verborgene Potenzial der resultierenden Möglichkeiten und Anwendungen lassen sich in Umfang und Tiefe derzeit noch sehr schwer erschließen. Die hier dargestellten Möglichkeiten der Anwendung sind daher nur ein Ausschnitt des Nutzenpotentials semantischer Technologien (*siehe nachfolgende Übersicht*).

*Übersicht 01: Problemfelder, Ziele und Nutzenpotenzial semantischer Webtechnologien*
Quellen: Berners-Lee, Tim: Weaving a Semantic Web, MIT Technologies Conference 2001; online unter: http://www.digitaldivide.net/articles/view.php?ArticleID=20; letzter Abruf 18.01.2007; Blumauer, Andreas / Pellegrini, Tassilo (Hrsg.): Semantic Web Fibel 06; Wien 2006, S. 15 ff.; Fensel, Dieter (Hrsg.) / Hendler, James / Lieberman, Henry: Spinning the Semantic Web – Bringing the World Wide Web to Its Full Potential; MIT Press, Cambridge 2005, S. 36 ff.

9

# 1 TECHNOLOGIEN FÜR EIN SEMANTISCHES WEB

Im diesem Kapitel sollen die Schlüsseltechnologien zur Realisierung des Semantischen Web vorgestellt und beispielhaft erläutert werden. Der aktuelle Entwicklungsstand der semantischen Webtechnologien (Anfang 2007) und erste nennenswerte Ergebnisse und Prototypen sollen das Nutzenpotenzial visualisieren und Verständnis für die Herangehensweise vermitteln. Es soll deutlich werden, auf welche Weise sich Semantik im Web einfach und dennoch sehr wirksam integrieren lässt.

## 1.4 ARCHITEKTUR DES SEMANTISCHEN WEB NACH BERNERS-LEE

*Berners-Lee* entwickelte zur Vision auch einen Vorschlag (keine statische Gebrauchanweisung) einer siebenstufigen Schichten-Architektur als Bauplan des Semantischen Webs. (*siehe nachfolgende Abbildung*)

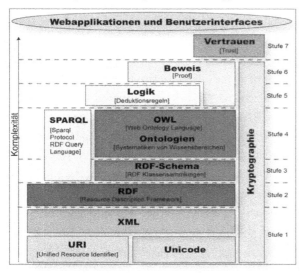

*Abbildung 01: Architektur des Semantischen Web (eigene erweiterte Darstellung)*
angelehnt an Bildquelle: http://www.w3.org/2000/Talks/1206-xml2k-tbl/slide10-0.html

Die Schichten der Architektur sind so aufgebaut, das die jeweils obere Schicht eine Teilmenge der unteren ist. Diese Reihenfolge sollte bei der Entwicklung auch eingehalten werden, da eine *stabile Ontologieumgebung* aufgebaut werden soll. Die oberen Schichten machen von den jeweils unteren Gebrauch. Die Komplexität der Entwicklung steigt mit jeder Stufe.[1]

Absolut elementar ist dabei das Fundament des *Semantischen Web*: Unicode[2] und Unified Resource Identifier (nachfolgend URI), sowie die Auszeichnungssprachen und Datenaustauschformate XML / XML Schema, Resource Description Framework (nachfolgend RDF) und RDF- Schema (nachfolgend RDFS).

Zunächst wird, abstrakt betrachtet, mit *Unicode* und *URI* ein Raum im Web begründet, worauf mit Auszeichnungssprachen ganze Webseiten mit spezifischen Inhalten entstehen können. Sie stellen sicher, dass internationale Zeichensätze verwendet werden und stellen ein Medium zur Verfügung, um Objekte im Semantischen Web einheitlich zu identifizieren. *XML, XML-Schema* und deren *Namensräume*, ermöglichen die Integration der semantischen Web-Definitionen mit anderen XML-basierten Standards. *RDF* und *RDFS* ermöglichen Aussagen über Objekte mit Hilfe der *URIs*. Außerdem kann man Vokabularien definieren, auf welche mittels *URIs* verwiesen werden kann. Hier erfolgt die Typisierung von Ressourcen und Beziehungen. Durch den Einsatz so genannter *Ontologiesprachen* wird es nun möglich, Daten nicht nur zu repräsentieren, sondern insbesondere für Maschinen verarbeitbar und interpretierbar zu gestalten. Dabei wird die Syntax der Auszeichnungssprachen *XML/XML Schema* für den effektiven Einsatz der *RDF* und *RDFS* verwendet. Um das *zusätzliche* Wissen schichtenartig in den Code zu implementieren, wird ein entsprechendes *Ontologie-Vokabular* (4. Stufe) benötigt. Vergleichbar mit einem Katalog oder Glossar, beinhaltet dieses eine Vielzahl an Begriffen, deren Bedeutungen und vor allem die semantischen Beziehungen zwischen den einzelnen *Ressourcen*. Als einheitliche Sprache, wurde die Ontologiesprache *Web Ontology Language* (nachfolgend OWL) vom *W3C* entwickelt. Dieses Vokabular kann nach definierten Deduktionsregeln (*Rules*) der *Logik* (5. Stufe) von Suchmaschinen gefunden werden. Wenn Informationen zudem nach den Regeln des *Beweises* (*Proof,* 6. Stufe) ihre Richtigkeit behalten, können auf die *Vertrauen*sschicht (*Trust, 7. Stufe*) überführt werden. Besonders die äußerst komplexen letzten drei Stufen deuten bereits heute auf ein auftretendes Problem des *Semantischen Webs* der Zukunft hin: die *Glaubwürdigkeit* der Daten. Der Endbenutzer hat dann keinen Einfluss mehr auf die Richtigkeit kombinierter Da-

---

[1] Eberhart, Andreas: Ontology-based Infrastructure of Intelligent Applications (Disseration 2004); online unter: http://scidok.sulb.uni-saarland.de/volltexte/2004/260/pdf/EberhartProfDrWolfgangWahlster.pdf;
[2] Linkhinweis: http://www.unicode.org.

ten, da er die Quelle nicht einsehen kann. Dieses Vertrauen muss deshalb bereits vor Weiterverwendung der Daten technisch erzeugt werden.[1]

## 1.5 FUNKTIONSWEISE DES SEMANTISCHEN WEB

### 1.5.1 UNIFORM RESOURCE IDENTIFIER (URI) - GLOBALE NAMENSGEBER

Im Zusammenhang mit der Informationsgewinnung und gemeinsamen Nutzung von Informationen entsteht der Anspruch auf *Kompatibilität* und *Flexibilität* der Daten. Die richtige Verwendung von Daten und Informationen setzt voraus, dass den Daten auch die richtige Bedeutung zugewiesen wird und in weiterer Folge nicht nur vom Menschen sondern auch von Maschinen interpretiert werden können.[2] Grundlegende Veränderung im *Semantischen Web* im Vergleich zum heutigen Internet ist, dass *fast jedes Objekt* als *Ressource* aufgefasst und mit Hilfe von *URIs* eindeutig benannt werden kann.[3] Auf diese Weise können Suchbegriffe von Maschinen nicht nur im Volltext erkannt, sondern zur weiteren Verarbeitung *wieder verwendet* werden – ein entscheidender Gestaltungsgrundsatz für Daten im *Semantischen Web*. Eine Teilmenge der *URIs* sind die *Uniform Resource Locator* (nachfolgend *URL*). Klassische Web-Ressourcen wie Internetseiten, werden über eine eigene *URL* definiert. Sie verrät neben der Namensgebung auch den Aufenthaltsort (Host) der Webseite. *URIs* können die gleiche Syntax haben wie Webseiten durch *URLs* adressiert werden. In RDF-Bibliotheken wie http://www.w3.org /1999/02/22-rdf-syntax-ns#type können Ressourcen zusammenhängend definiert werden. Die Tatsache, dass sie wie Netzadressen aussehen, ist dabei beiläufig. Die Möglichkeiten dieser Auszeichnungsform eröffnet ein nahezu unlimitiertes Spektrum und wird somit der Funktion als *globaler Bezeichner* absolut gerecht. Da *URIs* ziemlich lang sein können, werden sie in den *RDF*-Darstellungen normalerweise mit dem Konzept von *Namensräumen* von XML abgekürzt.[4] Die Suche nach bestimmten Personen, Produkten oder Orten wird dadurch eineindeutig und verhindert zahllose vermeintliche „*Treffer*" aufgrund des Missverstehens der Bedeutung der Suchbegriffe. So müssen Personen auch nicht zwangsläufig in Texten auftauchen, um gefunden zu werden. Sie können ebenso gut

---

[1] Anmerkung: Um dies schon im Code zu realisieren, werden bereits ab der 3. Stufe (*RDF*), die Technologie der *Public Key Kryptographie* angewendet. Diese *elektronischen Signatur* baut parallel mit den genannten Stufen Vertrauen in das System (*Trust*) seitens der Anwender auf.
[2] Vgl. Tusek, Jana: Semantic Web, Saarbrücken 2006, S. 15.
[3] Siehe dazu Anhang 01 – Programmieren mit eindeutigen URI-Zuweisungen, S.28
[4] Vgl. Tauberer, Joshua: What is RDF?, online erreichbar unter: http://www.xml.com/lpt/a/1665; letzter Abruf 03.03.2007

in Beziehung zu bestimmten Seiten stehen oder über mehrere Dokumente verteilt sein. Die semantische Verschmelzung von Objekten kann erst realisiert werden, wenn Maschinen ihre Zuordnung eindeutig interpretieren können. Somit wird auch aktiv gegen das Problem der Mehrdeutigkeit von Begriffen interveniert.

### *1.5.2* **RDF** *UND* **RDFS** *– EINHEITLICHE SYNTAX ZUR BESCHREIBUNG VON DATEN*

Um die Beziehungen der einzelnen Ressourcen zueinander zu beschreiben, benötigt man eine *weltweit einheitliche formale Syntax*, welche im Endeffekt eine automatischen Informations- und Datenverarbeitung ermöglicht.[1]

Unter der Leitung des *W3C* wurde dafür die Auszeichnungssprache für Metadaten *RDF* entwickelt und 2004 standardisiert. Sie soll es Entwicklern erleichtern, Wissen und Beziehungen zu codieren und dabei einheitlich nach einem Musterschema vorzugehen. *RDF* als *Fundament des Semantischen Webs*, muss entsprechend stabil, weitestgehend lückenlos, durchdacht und sorgfältig getestet sein. Müssen Änderungen im Fundament vorgenommen werden, kann dies schwerwiegende Änderungen in den darauf aufbauenden Standards und Applikationen nach sich ziehen.

Das *RDF*-Modell basiert vereinfacht auf einem gerichteten und beschrifteten Graph (*siehe nachfolgende Abbildung*), welcher in *RDF*-Browsern auch auf diese Weise Beziehungsnetze visualisieren kann.

Abbildung 02: Schematische Darstellung RDF-Graph (eigene Darstellung)

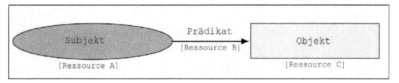

Die Endpunkte repräsentieren dabei jeweils die in Beziehung gesetzten *Ressourcen*, der beschriftete und gerichtete Graph die entsprechende *Beziehung* oder *Eigenschaft* mit ihrem definierten *Namen* (durch *URI*).[2] Die Eigenschaften sind also selbst Ressourcen und müssen über eine eigene URI-Referenz verfügen. Diese *URI* verweist auf den so genannten *RDF-Namensraum*. Der *Namensraum* stellt ein Vokabular der Eigenschaften in Form einer Menge von *RDF*-Ressourcen bereit (somit ver-

---

[1] Vgl. Fensel, Dieter (Hrsg.) / Hendler, James / Lieberman, Henry: Spinning the Semantic Web – Bringing the World Wide Web to Its Full Potential; MIT Press, Cambridge 2005, S. 51.
[2] Herman, Ivan: Questions and answers on the Semantic Web; online unter: http://www.w3.org/2006/Talks/0927-Berlin-IH/Slides.html, letzter Abruf 13.02.2007.

besserte Wiederverwendbarkeit und Wartbarkeit) und beschreibt deren Bedeutungen.[1]

Zwei miteinander durch eine Eigenschaft verbundene Ressourcen werden als eine *RDF-Aussage* bezeichnet. Sie können als einfacher Satz mit Subjekt (Ressource A), Prädikat (*Ressource B - Eigenschaft, Typ*) und O*bjekt (Ressource C)* aufgefasst werden. So können durch das Zusammenfügen vieler kleiner Sätze auch komplizierte Sachverhalte dargestellt werden.[2]

*RDF* liefert somit eine flexible Methode, um jedes mögliche Wissen in kleine Stücke (so genannten *Triples*) zu zerlegen, mit eigenen Richtlinien über die Semantik jener Stücke.[3] Mit einem *Triple* kann auf semantische Art ein Objekt, Konzept oder Wert mit einem anderen in Beziehung gesetzt werden.

Mit der *RDF*-Standard-Familie werden zwei *Namensräume* vorgegeben, die ein Basisvokabular zur Erstellung und Beschreibung eigener Konstrukte bereitstellen und die für RDF notwendigen Strukturen beschreiben.[4] Zusammen bilden die das *RDF-Kernvokabular* (auch *Core* genannt). Jede Anwendung des *Semantischen Webs* sollte sich laut *W3C* an diesem Kernvokabular ausrichten und darauf operieren können.

Dieses *Dataset* muss für Maschinen serialisiert werden, was auf Empfehlung des *W3C* in *XML* in Form von *RDF/XML*[5] oder anderen Formaten wie *Turtle, Notation 3, N-Triple, TriG* oder *Trix* verlustfrei, das heißt vollständig kompatibel und standardisiert, erfolgen kann. Somit gewährleistet *RDF* erst die notwendige *Interoperationalität* zwischen den Anwendungen, die maschinen-verständliche Informationen im Web austauschen. *RDF* und *XML* sind dabei komplementär zueinander.[6] Ingesamt bestehen drei Möglichkeiten *RDF*-Aussagen darzusstellen: die *Tripledarstellung*, der *gerichtete Graph* oder in *RDF/XML-Syntax*.[7] Wenn man aus seinen Daten einen RDF-Graph abgeleitet hat, kann man nun via eindeutiger URI zusätzliche Daten, die zum

---

[1] Anmerkung: *RDF-Namensräume* haben also eine größere Bedeutung als bei XML.
[2] Tolle, Karsten: Semantisches Web und Kontext – Speicherung von und Anfragen auf RDF-Daten unter Berücksichtigung des Kontextes (Diss.), Frankfurt am Main, 2006, S. 13.
[3] Vgl. Tauberer, Joshua: What is RDF?, online erreichbar unter: http://www.xml.com/lpt/a/1665, letzter Abruf 03.03.2007
[4] Anmerkung: *RDF-Namensraum* http://www.w3.org/1999/02/22-rdf-syntax-ns# (Abkürzung *rdf*, enthält Basis-RDF-Konstrukte); *RDF-Schema-Namensraum* http://www.w3.org/2000/01/rdf-schema# (Abkürzung *rdfs*, Namensraum zur Erstellung eigener Vokabularien).
[5] Anmerkung: Entwicklung vom *W3C*; festgelegt in *W3C Syntax 2004;* Linkhinweis: Beckett, Dave: RDF/XML Syntax Specification (Revised). W3C Working Draft ; online unter: www.w3.org/TR/2004/REC-rdf-syntax-grammar-20040210.
[6] Anmerkung: Die XML Syntax ist dabei allerdings nur eine mögliche Variante für RDF. Die Entwicklung anderer RDF-Datenmodelle ist nicht ausgeschlossen, denn Ziel ist es möglichst viele verschiedene Datenquellen, vor allem relationale Datenbanken im Web semantisch zu integrieren.
[7] Siehe dazu Anhang 02 – RDF-Aussage in drei Darstellungsformen Graph, Triple und RDF/XML, S.29

Kontext gehören, in Verbindung setzen. Auf diese Weise wird nach und nach ein semantisches Netz gesponnen.[1] Wie die meisten objektorientierten Programmiersprachen hat auch RDF ein Klassensystem. Eine Sammlung von *RDF*-Klassen wird als *RDF-Schema* bezeichnet. Diese Klassen sind in einer Hierarchie angeordnet und bieten somit Möglichkeiten der Erweiterung und Verfeinerung der Beziehungsbeschreibungen in Unterklassen an.[2] Durch *RDFS* ist es möglich eigene Eigenschaften, Klassen oder weitere *RDF*-Konstrukte zu beschreiben. Es wird dadurch jedem ermöglicht, sich ein eigenes Vokabular zu definieren, zu nutzen und zu veröffentlichen. Dabei muss nicht jedes mal ein neues Schema gefunden werden, sondern Entwickler können sich an den von *W3C* standardisierten Basis-Schemen orientieren und diese schrittweise an eigene Vorstellungen modifizieren. Durch die simultane Benutzbarkeit der RDF-Basisschemen wird die *Wiederverwendbarkeit* von Metadaten für standardisierte Beziehungen unterstützt.[3] Die Standards sind heute soweit ausgereift, dass *jeder* Entwickler damit beginnen kann RDF-basierte Applikationen zu entwickeln. Die Einfachheit und die Flexibilität der *Triples* in Verbindung mit dem Gebrauch von *URIs* macht *RDF* sehr leistungsfähig.[4]

### 1.5.3 *TAXONOMIEN, ONTOLOGIEN UND WEB ONTOLOGY LANGUAGE (OWL)*

*RDFS* ist sehr nützlich, kann aber nicht alle semantischen Anforderungen von Software erfüllen. Auf der nächsten und zugleich komplexeren Stufe des *Semantischen Webs,* werden *Ontologien* gebildet. Eine *Ontologie* ist definiert als ein formales, d.h. maschinenverständliches, definiertes System aus einer Vielzahl von *Instanzen, Konzepten* und *Relationen* zwischen diesen Begriffen.[5] Es ist in der Lage eine ganze Reihe von *RDFS*, die einen komplexen Wissens- oder Fachbereich und deren Beziehungen beschreiben und als Konzept zusammenfassen.[6] Laut der Definition des *Protégé-Teams* stellt eine Ontologie das Vokabular für eine Domäne zur Verfügung inklusive den Bedeutungen dieser Begriffe und beschreibt Konzepte und Beziehun-

---

[1] Siehe dazu <u>Anhang 03 – Semantische Verknüpfung zweier Datasets via RDF, S. 31</u>
[2] Anmerkung: Beispiel: `rdf:Roman subclass of rdf:Literatur` in einer Bibliothek
[3] Vgl. W3C Recommendation: Resource Description Framework (RDF) Model and Syntax Specifications.; online unter: http://w3.org/TR/1999/REC-rdf-syntax-19990222, letzter Abruf 27.02.2007
[4] Siehe <u>Anhang 04 – State of the Art der RDFS-Entwicklung, S.36</u>
[5] Vgl. Wikipedia – Semantisches Web, online unter: http://www.wikipedia.org/wiki/SemantischesWeb, letzter Aufruf 12.03.2007
[6] Siehe <u>Anhang 05 – Beispiel für eine Ontologie, S. 37</u>

gen, die in dieser Domäne relevant sind.[1] Je nach Art der Repräsentation von Ontologien werden Typen unterschieden:

▸ *Taxonomien*. Systematik, die Objekte streng hierarchisch klassifiziert und bspw. durch Baumstruktur visualisiert

▸ *Thesaurus*: Objekte werden beliebig miteinander in Beziehung gesetzt

▸ *Logisch-mathematische Repräsentationen*: Objektbeziehungen werden durch formale Notationen dargestellt, z.b. Synonym (a,b) = Synonym (b,a)[2]

Die *Ontologie* ist allerdings im Vergleich ein darstellendes Netz von Informationen, während die *Taxonomie* eine einfache Hierarchie bildet. Des Weiteren enthält eine *Ontologie* auch logische Relationen, d.h. es werden bestimmte Eigenschaften und Beziehungen von semantisch zusammenhängenden Elementen erzeugt. Die Annotation der *HTML/XML*-Seiten im Web mit Zusatzwissen erfolgt nun mittels der Ontologie-Repräsentations-sprachen wie *RDF* oder der darauf aufbauenden *Ontology Web Language* (nachfolgend *OWL*). Hintergrund ist, dass bessere Kategorisierungsmöglichkeiten zur Verfügung stehen. Für den Anwender wird somit auch die Bedeutung von Links durch die Annotation klar (z.B. Link zur Homepage des Autors, einem verwandten Thema oder lediglich Navigatorlink etc.). Durch die Ergänzungen der Webseiten werden auch erstmals maschinelle Schlussfolgerungen möglich.[3]

In *RDFS* ist es möglich Unterklassen von *RDF*-Klassen zu bilden, dann sind die Möglichkeiten allerdings schon erschöpft. Mit der Weiterentwicklung der Ontologie-Repräsentationssprache *OWL* ist es allerdings möglich, neue Klassen aus bestehenden Klassen zu konstruieren: durch Aufzählung der Inhalte, durch Kreuzung, Vereinigung oder durch Eingrenzungen.[4] Es können auch mehrere andere *Ontologien* im Web mittels *RDF* aufeinander verweisen. *OWL* ist speziell für die Anforderungen des

---

[1] Stanford Medical Informatics: Protégé – an open source platform; online unter: protége.stanford.edu/2005; letzter Abruf 12.02.2007.
[2] Vgl. Tusek, Jana: Semantic Web; Saarbrücken 2006, S.23.
[3] Anmerkung: Die Annotation der Webseite besagt , dass sie sich mit "Fußball" beschäftigt; aus der zugrunde liegenden Ontologie geht hervor, dass der Begriff "Fußball" eine "Sportart" darstellt; dem entsprechend geht es auf der Website also auch um Sport, obwohl das nicht explizit direkt in den Metadaten auftaucht). Bei entsprechender Qualität/Feingranularität der Annotation lässt sich ein hoher Grad automatischer Verarbeitung erreichen, so wäre es z. B. denkbar, dass eine Suchmaschine im Semantischen Netz sogar Anfragen der Art "Wie viele Tore hat Fußballer X im Jahre 1998 geschossen?" direkt beantwortet werden. (Beispiel aus http://wikipedia.org/wiki/SematischesWeb)
[4] Vgl. W3C: OWL Features, online unter: , www.w3.org/TR/2004/REC-owl-features-20040210, letzter Abruf 12.01.2007

*Semantischen Webs* konzipiert worden.[1] *Ontologien* zu entwickeln ist allerdings noch immer ein sehr hoher Aufwand, schwer zu implementieren und auch schwierig zum Laufen zu bringen.[2] Sie sollten möglichst so entwickelt werden, dass sie wieder verwendet und auf andere Wissensgebiete übertragen werden können (dann sind lediglich die Ressourcen umzubenennen). Komplexe *Ontologien* sind im Vergleich zu einfachen Ontologien kosteninstensiver und kommen dementsprechend selten in der Praxis vor. Einfache *Ontologien* stehen in vielen Formaten (meist als Freeware) zur Verfügung und vermögen bestehende Applikation erheblich durch Semantik aufzuwerten.[3]

### 1.5.4 SPARQL – RDF ABFRAGESPRACHE FÜR SEMANTISCHE SUCHEN

Ein essentielles Teil im großen Puzzle des *Semantischen Webs* ist die *RDF-Abfragesprache SPARQL Protocol and RDF Query Language* (nachfolgend *SPARQL*). Sie ist artverwandt mit *SQL* (*Structured Query Language*) und soll künftig semantische Abfragen in *RDF* ermöglichen, ohne mehrere hundert Zeilen Code schreiben zu müssen.[4] Die *RDF Data Access Working Group* (*RDAWG*) des *W3C* treibt die Entwicklung und Standardisierung von *SPARQL* voran. Im April 2006 wurde *SPARQL* als Empfehlungskandidat auf dem Weg der Standardisierung anerkannt. *SPARQL* ist der Nachfolger mehrerer Abfragesprachen, bspw. *RDF Query Language* (*RDQL*), die ebenfalls auf *RDF*-Daten zugreift. 20+ Implementierungen existieren bereits (separat oder als Teil eines Systems). Eine Anzahl von *SPARQL-Endpunkten* machen Abfrage-Experimente bereits möglich. Damit sich das Potenzial voll entfalten und die Funktion verbessert werden kann sind sehr präzise und gut definierte Semantiken notwendig.

### 1.6 AUSWAHL SEMANTSICHER APPLIKATIONEN UND PROTOTYPEN

Nachfolgend sollen erste erfolgreiche Anwendungen semantischer Webtechnologien in der Praxis vorgestellt und erläutert werden. Richtungsweisend für den Austausch

---

[1] Vgl. Berners-Lee, Tim / Nigel Shadbolt, Nigel, Hall, Wendy: The Semantic Web Revisited, S. 4, online unter: http://www.geospatialsemanticweb.com/wp-content/uploads/2006/07/01637364.pdf, letzter Abruf 09.03.2007
[2] Anmerkung: Da nicht alle Applikationen eine vollständige Ontologie für ihren Service benötigen, wurden je nach Grad des Umfangs und der Komplexität, 3 OWL-Schichten durch W3C standardisiert: *OWL-Full* , die gesamte Ontologie; *OWL-DL* (*Description Logic*), Eingrenzung der gesamten Ontologie; *OWL-Lite*, mit weiterer Einschränkung der OWL-DL Schicht.
[3] Siehe <u>Anhang 06 - Nutzenpotenzial und State of the Art von der Ontologieentwicklung, S. 38</u>
[4] Siehe <u>Anhang 07 - Effiziente RDF-Abfrage via SPARQL, S. 39</u>

neuester semantischer Technologien, sind die mittlerweile jährlich stattfindenden und sehr gut besuchten Technologiemessen[1] zum Semantischen Web, deren Erkenntnisse in diese Arbeit eingeflossen sind.

### 1.6.1 PIGGY BANK - SEMANTISCHE SUCHE UND ANREICHERUNG VON DATEN

Eine Funktion die bei den meisten Anwendern mit dem *Semantischen Web* assoziiert wird, ist das *Semantic Browsing*. Die Schlüsseltechnologien *RDF* und *OWL* wurden als Grundlage dafür bereits vorgestellt. Eine erste auch für Endnutzer benutzbare Applikation ist *Piggy Bank*[2] der Forschungsprojektes *SIMILIE (*steht für *Semantic Interoperability of Metadata In unlLike Environments*)*, und ist ein Projektzusammenschluss besetzt mit Forschern des *W3C* und *MIT (Masachussetts Institute of Technology) Libraries*. Dieses Projekt hat sich zum Ziel gesetzt die *Interoperationalität* von Metadaten, Schemata und digitalen Informationen webübergreifend mit Hilfe von semantischen Technologien zu verbessern.[3]

Weitere erfolgreiche Projekte der *SIMILIE* sind neben *Piggy Bank* der RDF-Browser *Longwell*[4] und der *XML-Inspetor*[5]. *SIMILE* wurde inspiriert von *DSpace*, einer Open Source Archivsoftware um Recherchen und Wissensmanagement zu erleichtern.[6] *DSpace* arbeitet mit den Metadaten-Tags von *Dublin Core* (Kernvokabular-Sammlung) über Informationsressourcen, digitale Bibliotheken mit Erweiterungen für *Digital Right Management*[7]. Die Browser-Erweiterung *Piggy Bank*, welche als Plugin für *Firefox* als Freeware im Web zur Verfügung steht, bietet dem Nutzer die Möglichkeit relevante Webinhalte, die er wie ein Lesezeichen (auch *Bookmarks* genannt) vorerst auf seinem lokalen Server *My Piggy Bank* legt, semantisch auszuzeichnen. Heute gängige Browser bieten diese Möglichkeit leider noch nicht an. Mit dieser semantischen Auszeichnung ist es Endnutzern nun möglich, ihre Bookmark-Liste se-

---

[1] Linkhinweis: die wichtigsten Messen zum Thema Semantische Technologien:
*ISWC – International Semantic Web Conference* (zuletzt 2006 in Athens, GA, USA), online unter: http://iswc2006.semanticweb.org;
ESTC – European Semantic Technology Conference (31.05.-01.07.2007 Wien ), online unter: http://www.estc2007.com
*ESWC – European Semantic Web Conference* (zuletzt in 2006 Budva, Montenegro), online unter: http://www.eswc2006.org.
[2] Linkhinweis: http://simile.mit.edu/piggy-bank/
[3] Vgl. Mazzocchi, Stefano / Garland, Stephen / Lee, Ryan: Simile – Practical Metadata for the Semantic Web, online unter: http://www.xml.com/pub/a/2005/01/26/simile.html, letzter Abruf 15.11.2006.
[4] Linkhinweis: http://simile.mit.edu/longwell/
[5] Linkhinweis: http://simile.mit.edu/gadget/
[6] Linkhinweis: http://www.dspace.org/
[7] Vgl. Mazzocchi, Stefano / Garland, Stephen / Lee, Ryan: Simile – Practical Metadata for the Semantic Web, online unter: http://www.xml.com/pub/a/2005/01/26/simile.html, letzter Abruf 15.11.2006

mantisch zu durchsuchen. Die Auffindbarkeit der Daten wird drastisch verbessert. Auch die Kombination von Webinhalten auf einer Ebene wird mit *Piggy Bank* machbar *(dazu mehr im Kapitel 3.2.2 Mash-ups - Kombination mehrerer Webseiten und - Services).*[1]

### *1.6.2* SEMANTIC MEDIA WIKI – ERSTE FREIE DATEN-ENZYKLOPÄDIE

Im Zusammenhang mit dem Onlinewettbewerb *Semantic Web Challange* der 5. *International Semantic Web Conference*[2] (nachfolgend *ISWC*) im November 2006, wurde *Semantic Media Wiki* (nachfolgend *SMW)* für die Anwendung semantischer Technologien ausgezeichnet.[3] Absichtlich wurde *SMW* kompatibel zum bestehenden *Media Wiki* von *Wikipedia* entwickelt, um semantische Technologien einem großen Benutzer-Pool zur Verfügung zu stellen und damit mehr Akzeptanz und Neugier gegenüber diesen Technologien zu wecken.[4] *Wikis* haben sich zu einer der wichtigsten Werkzeuge für Zusammenarbeit im World Wide Web herauskristallisiert, um effektiv Wissen zu sammeln, organisieren und auszutauschen. Bisher wurden in so genannten *Wiki-Texten* jeweils Links zu benachbarten Themen gesetzt.

Das *SMW*[5] setzt genau hier an und ermöglicht es den Autoren ihre editierten Inhalte mit maschinen-interpretierbaren Daten auszuzeichnen.[6] In Folge dessen wird eine semantische Suche auf den tausenden von Wiki-Seiten möglich, um schneller und treffsicherer die gewünschten Informationen zu finden. Ein großer Nachteil der bisher textbasierten Wikibeiträge ist deren beschränkte *Wiederverwendbarkeit*. Im *SMW* sind alle Einträge losgelöst und können in den verschiedensten Anwendungen implementiert werden - da wo sie benötigt werden. Erklärtes Ziel und Vision ist ein *semantisches Wikipedia* mit einer Fülle an Applikationen und tief greifenden Abfragemöglichkeiten (bspw. unterstützt durch *SPARQL*, könnte aus allen Einträgen von *Wikipedia* eine Liste aller weiblichen Wissenschaftlerinnen erstellt werden) ohne Barrie-

---

[1] Siehe Anhang 08 – Semantic Browsing mit Piggy Bank, S. 40
[2] Vgl. Isabel Cruz: The Semantic Web – ISWC 2006, 5th International Semantic Web Conference, Athens, GA, USA, November 2006, Proceeding & White papers; Berlin/Heidelberg 2006, S. 3 ff.
[3] Anmerkung: Insgesamt wurden über 100 solcher Anwendungen eingereicht, wovon 18 Entwicklungen ausgezeichnet wurden - doppelt so viele wie noch im Jahr zuvor. Diese wurden zuvor von einer internationalen Fachjury getestet, analysiert und bewertet. Kernthemen der letzten *ISWC* waren: *semantisches Wissensmanagement, Semantische Datenintegration* und *Semantische Suche.*
[4] Krötzsch, Markus / Vrandecic, Denny / Völkel, Max: Semantic Media Wiki; Beitrag in: Isabel Cruz: The Semantic Web – ISWC 2006, 5th International Semantic Web Conference, Athens, GA, USA, November 2006, Proceeding & White papers; Berlin/Heidelberg 2006, S. 935 ff.
[5] Linkhinweis: Download und Projektinformationen http://sourceforge.net/projects/semediawiki/, Online Dokumentation und Demo http://ontoworld.org/wiki/Semantic_MediaWiki
[6] Siehe Anhang 09 – Semantic Media Wiki – Daten- / Wissensspeicher, S. 44

ren. Bestehende Wissenseinträge wären nur die Grundlage eigener Entdeckungen von Zusammenhängen und Erkenntnissen. So wie *Wikipedia* als Pionier der Online-Wissens-Enzyklopädie hervorgegangen ist, könnte sie künftig auch als Pionier in der Anwendung semantischer Technologien hervorgehen. Bei einem breiten Fundament nicht nur in Form von in Dokumenten gebundenen Informationen, sondern *Wissen in Form von Daten*, auf denen vielfältig operiert werden kann.

### 1.6.3 FRIEND OF A FRIEND – MENSCHLICHE NETZWERKE BESCHREIBEN

*Friend of a Friend* (nachfolgend *FOAF*) ist ein Projekt zur maschinenlesbaren Modellierung sozialer Netzwerke. Herzstück des Projekts ist ein *RDF-Schema*, welches Klassen und Eigenschaften definiert, die in einem *XML*-basierten *RDF*-Dokument verwendet werden können. Sinn und Zweck ist, dass in einem *FOAF*-Dokument Angaben über eine Person und deren wichtigsten Kontakte zusammengetragen werden (u. a. Name, Alter, Geschlecht, E-Mail-Adresse, Adresse der privaten und beruflichen Website, Weblog-Adresse, ICQ -IDs, Beruf, Freunde, Arbeitskollegen,Interessen).[1] Sobald mehrere Personen diese *FOAF*-Dokumente im Web veröffentlichen, können diese *FOAF*-Dokumente aufeinander verweisen. Eine Software kann diese *FOAF*-Dokumente auswerten, die sozialen Beziehungen analysieren und visualisieren. Es handelt sich bei *FOAF* um eine der ersten und wenigen Anwendungen von semantischen Web-Technologien, die auch im *Web 2.0* implementiert wurden.[2] Mit ihnen können Kontakte auf Basis gleicher Interessen oder gleicher Bekannter effektiv und fast automatisch generiert werden. Ein sehr wichtiger und bereichernder Beitrag zur Bildung sozialer Netzwerke, dessen Einsatz in vielen künftigen Applikationen denkbar ist.

## Web 2.0 / 3.0 vs. Semantisches Web

In diesem Kapitel soll die Frage aufgeworfen werden, ob die momentanen Technologien des so genannten „*Web 2.0*" oder sogar „*Web 3.0*", die auch als „*Social Web*" bekannt geworden sind, die Entwicklung des *Semantischen Webs* unterstützt oder von der Herangehensweise her stark differiert. Nach Definition grundlegender Begriffe zum besseren Verständnis, sollen hier gezielt Anwendungen und Verfahren vorgestellt werden, welche momentan die größten Schnittmengen zum *Semantischen*

---

[1] Vgl. Wikipedia: FOAF, online unter: http://www.wikipedia.org/FOAF/, letzter Abruf 10.03.2007.
[2] Siehe <u>Anhang 10 – FOAF - Ontologie am Beispiel, S. 45</u>

*Web* aufweisen und einen künftigen Brückenschlag erlauben. Können die Forscher vom *Web 2.0* lernen?

## 1.7 BEGRIFF UND CHARAKTERISIERUNG DES WEB 2.0 / WEB 3.0

*Web 2.0* ist keinesfalls fest definiert, sondern eher ein *Sammelbegriff* für die Beschreibung einer Reihe neuer interaktiver Techniken und Dienste und einer veränderten *Wahrnehmung* und *Nutzung* des Internets.[1] Erstmals benutzt und geprägt wurde dieser Oberbegriff von *Dale Dougherty (O'Reilly-Verlag)* und *Craig Cline (MediaLive)*, die gemeinsam lediglich eine Konferenz für neue Internettechnologien planten und dafür einen griffigen Namen suchten.[2] *O'Reilly* und *Battelle* fassten Schlüsselprinzipien und –technologien zur Charakterisierung von typischen Anwendungen zusammen, die dem Begriff *Web 2.0* – im Sinne einer echten Weiterentwicklung - zugeordnet werden können.[3]

Entsprechend groß war die Resonanz auf Seiten der Endnutzer, die durch diese Technologien nun eher aktiv an den Inhalten der Webseiten mitgestalten konnten und sollten, als wie bisher im *Web1.0* statische Seiten lediglich zu konsumieren. Besonders auch Investoren und private Geldgeber benutzten den Begriff *Web 2.0* sehr häufig, um die Potenziale und neuen möglichen Geschäftsmodelle anzupreisen. Aufgrund dieser Tatsache meldeten sich viele Kritiker zu Wort – unter ihnen auch *Berners-Lee*, welche die heute hochgelobten Technologien eher als ein logisches Ergebnis jahrelanger Entwicklung ansehen, was genau betrachtet nicht zu leugnen ist.[4]

In den zahlreichen Foren des Internets tauchen bereits *Visionen* vom *Web 3.0* auf.[5] In ihren Kernaussagen werden erstaunlicherweise Aspekte der *Semantik von Internetdaten* bereits implementiert und für *notwendig* erachtet, um einen *echten* Entwicklungsschritt im Internet der Zukunft zu verzeichnen. Weitere Grundgedanken sind die *Entkopplung von Daten, Informationen und Autoren* als *selbstständig* im Netz agierende *Objekte*, gekennzeichnet mit einer eigenen *IP (Internet Protocol, derzeit IPv4 mit 4 Mrd. Adressen))* mit Verweis auf den neuen Internet-Protokollstandard *IPv6* (mit

---

[1] Vgl. Wikipedia: Web 2.0, online unter: http://wikipedia.org/wiki/Web20, letzter Abruf 10.03.2007
[2] Anmerkung: *Dougherty* meinte, das Web sei in einer Renaissance, bei der sich die Regeln und Geschäftsmodelle verändern. *Dougherty* bezog *John Battelle* ein, um eine geschäftliche Perspektive zu erarbeiten. Daraufhin veranstalteten *O'Reilly Media, Battelle* und *MediaLive* die erste *Web 2.0-Konferenz* im Oktober 2004. Die Konferenz findet seit dem jährlich im Oktober statt; Ebenda.
[3] Siehe Anhang 11 - Web 2.0 – Charakteristika für Anwendungen und Technologien, S. 47
[4] Vgl. Anhang 11 - Web 2.0 – Charakteristika für Anwendungen und Technologien, S. 47
[5] Linkhinweis: *Dr. Web (Portal für neueste Webentwicklungen)*, online unter: http://www.drweb.de.

dann 340 Sextillionen möglichen IPs analog). Diese Objekte sollen losgelöst von Orten und Webseiten „on demand" aufgerufen und auf dynamischen Webseiten kombiniert werden. Man spricht in diesem Zusammenhang von einem hochdynamischen „liquid Web".[1] Also auch heutige Internetnutzer haben die Notwendigkeit einer Semantisierung des Webs erkannt. Es ist eine starke Übereinstimmung in den Zielen erkennbar, die eine künftige Zusammenarbeit von Forschern und nichtwissenschaftlichen Entwicklern erwarten lassen.

## 1.8 TECHNOLOGIEN UND POPULÄRE ANWENDUNGEN DES WEB 2.0

### 1.8.1 TAGGING UND FOLKSONOMIES – GEMEINSCHAFTLICHES INDEXIEREN

Ein viel versprechendes Verfahren, welches mittlerweile leistungsstarke Anwendungen hervorgebracht hat, ist das Indexieren mit Hilfe so genannter Tags (zu Deutsch: Etiketten, Schlagwörter). Die hohe Akzeptanz und Einfachheit dieses Verfahrens nutzt dabei allen Benutzern. Das Tagging erlaubt es dem jeweiligen Benutzer, auf simple aber wirksame Weise Inhalte wie Texte und Blog-Einträge (bspw. auf www.technorati.com), Filme (bspw. auf www.YouTube.com), Bilder (bspw. auf www.Flickr.com) oder sogar ganze Webseiten (bspw. auf www.del.icio.us) mit Schlagwörtern in Form von Metadaten zu versehen. Dadurch können diese für relevant gehaltenen Daten und Dokumente effektiv verwaltet, katalogisiert und sehr gut wiedergefunden werden.[2] Gewünschte Inhalte können für sich selbst in persönlichen Datenbanken oder auch für andere Benutzer angelegt werden. Da der Datensammler einen persönlichen Nutzen daraus ziehen möchte, verwendet er intuitiv charakteristische Merkmale und Schlüsselwörter, die den Inhalt oder die Bedeutung am ehesten beschreiben. Der Wahrheitsgehalt ist dabei relativ hoch, da die Datensammler gleichzeitig auch ihre Verwender sind. Hier ist eine Brücke zum Semantischen Web erkennbar, denn diese Tagging-Daten müssen ebenso maschinenfreundlich ausgelesen und gespeichert werden und repräsentieren die Bedeutung von Inhalten.

Die Indexierer kommen dabei oft zu großen Gemeinschaften zusammen, um beträchtliche Tag-Sammlungen anzulegen und gleichzeitig auch von den gesammelten Informationen anderer Nutzer zu profitieren. Treten durch gemeinschaftliches Inde-

---

[1] Sven Lennartz - Dr. Web (Webblog), Eintrag vom 01.08.2006: Die Zukunft im Web 3.0; online unter: http://www.drweb.de/weblog/weblog/?p=623, letzter Abruf 11.03.2007.
[2] Anmerkung: gerade bei großen Datenmengen wie den 240 Millionen Bildern auf www.Flickr.com wird hier eine semantische Suche möglich und notwendig.

xieren bestimmte *Tags* häufiger auf, kristallisieren sich nach und nach Bedeutungszweige heraus, vergleichbar mit einfachen *Taxonomien*. Diese *Tag*-Sammlungen werden deshalb auch *Folksonomis* (auch *social tagging* oder *collaborative tagging*) bezeichnet, eine Wortverschmelzung aus *Folks = Leute* und *Taxonomie = Systematik*.[1] Auf dieser Basis wird es erstmals möglich die Suche semantisch einzugrenzen, indem benachbarter oder bedeutungsverwandte Tags automatisch vorgeschlagen werden.

Dennoch dienen *Folksonomies* einem anderen Zweck als *Ontologien*. Diese versuchen Daten und Wissensbereiche weitaus sorgfältiger zu definieren und beziehen sich jeweils auf feste *URIs* - *Tags* benutzen lediglich Wörter zur Beschreibung der Bedeutungen.[2] *Ontologien* zeichnen sich durch einen sorgfältigen, deutlichen Prozess aus, der versucht Bedeutungsunschärfen und Redundanzen zu beseitigen. Das *Tagging* dagegen ist ein ungenauer und intuitiver Prozess, wobei Redundanzen (bspw. durch unterschiedliche Sprachen, Wortschatz und Katalogsysteme) bestehen bleiben. Die Schlussfolgerungen die in *Ontologien* angewandt bzw. dadurch erst möglich werden, basieren auf Logik und nutzen Operationen wie *join* zum Verknüpfen von Ressourcen. Die Schlussfolgerungen, die aus Tags gezogen werden sind rein statistischer Natur und nutzen Techniken wie das *Clustering*.[3] Aber nicht in jedem Gebiet wären voll ausgereifte *Ontologien* sinnvoll, da dessen Nutzen den Kosten- und Zeitaufwand nicht rechtfertigen.

### 1.8.2 *MASH-UPS – KOMBINATION MEHRERER WEBSEITEN UND -SERVICES*

Eines der Hauptziele des *Semantischen Webs* ist die nahtlose Kombination von verschiedensten Webinhalten mit eigener *URI*, um auf diese Weise über offene Programmierschnittstellen neue Webservices mit zusätzlichem Nutzen zu entwickeln. Sämtlich relevanten Daten können losgelöst von ihrer Ursprungswebseite *on demand* abgerufen und auf einer Ebene dargestellt werden. Diese Verschmelzung von mehreren Programminhalten ist im Web 2.0 in Form von so genannten *Mash-ups* (zu Deutsch: *Vermanschung*) bereits gelebte Realität. Der Kreativität sind dabei kaum noch Grenzen gesetzt. Ein Großteil der momentan entwickelten *Mash-ups* benutzen

---

[1] Siehe <u>Anhang 12 – Folksonomies - gemeinsames Indexieren  für mehr Semantik im Web, S. 49</u>
[2] Berners-Lee, Tim / Nigel Shadbolt, Nigel, Hall, Wendy: The Semantic Web Revisited, S. 4, online unter: http://www.geospatialsemanticweb.com/wp-content/uploads/2006/07/01637364.pdf, **letzter Ab ruf 09.03.2007.**
[3] Ebenda.

die *Application Programming Interfaces* (nachfolgend *API*) von Diensten wie bspw. *Google Maps, Google Earth* oder *Flickr*[1] und die Verknüpfungen zu *RSS-Feeds* *(abbonierte Nachrichtendienste)*von Magazinen und Suchmaschinen.[2] Es wird damit möglich mehrere *Feeds* gleichzeitig zu lesen, mehrere Datenbanken simultan abzu-fragen oder die in den Metadaten gefassten Ortsangaben in virtuellen Landkarten darzustellen - ganz im Sinne des *Semantischen Webs.*[3]

Ein *„Killerapplikation"* (Anwendung mit sehr hoher Resonanz der Benutzer), wie die im Anhang vorgestellte *Pipes* von *Yahoo,* fehlt dem *Semantischen Web* leider noch. Nach erfolgreicher Standardisierung müssen die Workflows in den Programmierum-gebungen künftig so anwenderfreundlich gestaltet werden, dass sich die semanti-schen Technologien und mit Ihnen das Verständnis und die Akzeptanz der Benutzer in einer geneigten Community entwickeln und verbreiten können. Die Erkenntnisse aus der *Mash-up*-Entwicklung sollten genutzt werden, um weitere Verfahren zum Vermischen und Kombinieren von selbstständigen Informationsobjekten auf Ebene des *Semantischen Webs* zu entwickeln. *Mash-ups* leisten bereits heute einen wert-vollen Beitrag zur *Datenintegration* und *Wiederverwendbarkeit* von Daten (*Remixabi-lity*) und geben einen Vorgeschmack auf das Internet der Zukunft.

### 1.8.3 *AJAX – INTERNETSTANDARD FÜR DYNAMISCHE SEITENINHALTE*

*Asynchronous Javascript and XML* (nachfolgend *AJAX)* ist eine neue komplexe Technologie zur Gestaltung von dynamischen Webseiten. Das Ergebnis sind Web-seiten, die es erlauben Daten nachzuladen, ohne die Seite komplett aktualisieren zu müssen.[4] Sie setzt also bereits die Herangehensweise des *Semantischen Webs* um, Inhalte in Datenform losgelöst vom Ursprung auf einer Ebene darzustellen.[5] Der Vor-teil dieser Technik ist enorm, da Webseiten fast das Gleiche leisten können wie fest installierte Anwendungen auf der Festplatte. Die Seitenladezeiten werden damit drastisch verkürzt, da nicht mehr die gesamte Seite neu geladen wird, sondern ledig-lich die Teile, die den Nutzer *interessieren*. Sekundenschnell und vollautomatisch

---

[1] Anmerkung: prominentes Beispiel ist eine Symbiose von Google-Maps und getaggten Bilder mit Ort angaben aus *Flickr*. Sie lassen eine Weltkarte mit Bildern aus dieser Region bestücken und erlauben eine fotografische Weltreise.
[2] Hannemann, U. / Henke, R. / Waldemaier, N.: Web 2.0 – Das Mitmachnetz, in FOCUS, Ausgabe Nr. 41- Oktober, München 2006, S. 174-182.
[3] Siehe Anhang 13 – Mash-ups – Funktionsweise und Praxisbeispiele, S. 51
[4] Vgl. Wikipedia: Ajax (Programmierung), online unter
   http://de.wikipedia.org/wiki/Ajax_%28Programmierung%29, letzter Abruf 13.03.2007
[5] Siehe Anhang 14 – AJAX Praxisbeispiel: Mobile Office im Web mit Goowy, S. 54

werden von einer Startseite aus Inhalte *verschiedenster Quellen* abgerufen und zu einer neuen Seite zusammengefügt – passgenau nach den Interessen des Nutzers. Eine *Personalisierung*[1] der Seite ist dabei ebenso möglich. Diese Technologie sollte ausgebaut werden, denn wenn die Loslösung der Daten im *Semantischen Web* erfolgt, benötigt man eine leistungsstarke Oberfläche, die diese verschieden Datenquellen auch visualisieren kann.

## Zusammenfassung der Ergebnisse und Ausblick

Die Verwirklichung der großen Ziele des Semantischen Web, getrieben von der Vision das Internet von einem riesigen Buch verlinkter Dokumente in ein Web einer riesigen verlinkten Datenbank zu überführen, steht sicher erst am Anfang. Dennoch ist schon ein weiter Weg von den Forschern, insbesondere denen des *W3C*, gegangen worden. Von ihnen selbst wird das *Semantische Web* der vierten auf dem Weg zur fünften Entwicklungsstufe eingeordnet. Die wichtigsten Standards und Grundlagen der Semantisierung werden bereits intensiv genutzt. Führend sind die Lebenswissenschaften, das Gesundheitswesen und Digitale Bibliotheken. Einige sind auf dem Vormarsch wie das eGovernment, der Energiesektor oder das Finanzwesen. Die rege Beteiligung auf Unternehmensseite (*Boing, IBM, Pfizer, Sun, Nokia, Agfa, HP*) und auf den mittlerweile zahlreichen Fachkonferenzen unterstreichen die wachsende Bedeutung semantischer Technologien, ist aber ausbaufähig. Es werden weitere Jahre vergehen, bis sich die Erkenntnisse und das Potenzial verbreiteten. Dass sich der beschwerliche Weg der Entwicklung neuer semantischer Internetstandards lohnt, zeigte ein Blick auf die unzähligen Anwendungsmöglichkeiten dieser Technologien, auch wenn sich Umfang und Tiefe noch schwierig abschätzen lassen. Fest steht: mit der Implementierung einer zusätzlichen semantischen Schicht, auf der Computer und intelligenten Anwendungen dann operieren können, wird die gesamte Internetnutzung und damit auch die Geschäftswelt und die sozialen Kommunikationsformen revolutioniert. Mit den *URIs* wurde ein leistungsstarkes wie einfaches Verfahren entwickelt jegliche Informationsobjekte, seien es Personen, Begriffe, Orte, Eigenschaften oder Werte, genau zu adressieren. Dadurch wird es möglich sämtliche Inhalte unab-

---

[1] Anmerkung: Dieses Prinzip verfolgt auch das Semantische Web, bspw. mit benutzerabhängigen *role-RDF* für maßgeschneiderte und persönlichkeitsorientierte *Service-Agenten-Aplikationen.*

hängig von ihrem Aufbewahrungsort im Netz zu finden oder darauf zu verweisen. *RDF* und die komplexeren *Ontologiesprachen* können im nächsten Schritt komplexe Wissens- und Informationsbeziehungen abbilden und Schritt für Schritt das riesige semantische Netz spinnen. Informationen tragen je nach Kontext mannigfaltige Bedeutungen, besonders über Landesgrenzen hinweg. Dank semantischer Technologien wird jedoch auch dieses Wissen schon bald allen Internetbenutzern weltweit zur Verfügung stehen. Um dies künftig zu realisieren, gilt es jedoch noch viele Probleme zu lösen und Lücken im Kernvokabular zur Beschreibung von Beziehungen und Regeln zur Rekombination von Daten zu schließen. Wirkungsvolle Abfragesprachen wie *SPARQL*, RDF-Browser, Visualisierungswerkzeuge und einfache Entwicklungsumgebungen für *RDF*, *OWL* müssen dafür künftig entwickelt werden. Besonders da auch bald erste nichtwissenschaftliche Entwickler-Gemeinschaften aktiv in die Entwicklung einbezogen werden können. Sie sollen dazu beitragen, dass Funktionen, Sprachen und vor allem das enorme Nutzenpotenzial des Semantischen Webs schneller verbreitet und kommuniziert werden als bisher. Ziel ist immer eine größtmögliche *Datenintegration*, vor allem aus relationalen Datenbanken. Diese Daten sollten dabei immer so *austauschbar* wie möglich sein, damit möglichst viele Applikationen diese später *wiederverwenden* können. Das *W3C* arbeitet bereits verstärkt an einem „*Rule Interchange Format*", ein zu *RDF* und *OWL* kompatibles Regel-Austauschformat, welches einen hohen Prozentsatz von Praxisfällen mit klaren Semantiken abdeckt. [1] Erste Ergebnisse werden Ende 2007 erwartet. Dieses Format ist absolut notwendig, um in Zukunft dem Problem der *Glaubwürdigkeit* semantisch abgeleiteter Daten zu gewährleisten. Eine Erweiterung zu *OWL 1.1*, API-Standardisierungen, Zugangskontrollen und Signaturen stehen ebenfalls auf der Agenda der Forschernetzwerke. Um die semantische Schicht nicht „*per Hand*" einzupflegen, müssen wirkungsvolle Austauschformate und Automatisierungen zum Generieren von RDF-Triples entwickelt werden. RDF soll sich weltweit einheitliche Syntax zur Repräsentation von Eigenschaften und Beziehungen durchsetzen.

Die Analyse vorhandener Technologien und Applikationen des *Web 2.0* hat gezeigt, dass mehrere Schnittstellen für eine gemeinsame Weiterentwicklung des Internets vorhanden sind. Web 2.0 Anwendungen zeichnen sich nicht nur durch verbesserte Interaktionsmöglichkeiten am Interface aus (ein Grund für die große Akzeptanz auf

---

[1] Linkhinweis: *Rule Interchange Format*, online unter http://www.w3.org/2005/rules

der Benutzerseite), sondern verfolgen - zwar mit teilweise anderen, zumeist einfacher handhabbaren Technologien - ähnliche Ziele wie das Semantische Web:

Die kollaborative Anreicherung von Web-Inhalten mit Metadaten in Form der einfachen aber wirksamen Methode des *Social Tagging* in *Folksonomies* führt zu ersten fast automatisch generierten Systematiken auf semantischer Ebene. Durch rege Benutzerintegration wird dem Web eine zusätzliche Bedeutungsebene mit geringem Aufwand eingezogen, auf der Browser bereits semantische Suchen ermöglichen. Dieser Ansatz ist ausbaufähig und demonstriert, wie eine Arbeitsteilung bei der Semantisierung des Webs organisiert werden kann. Allerdings werden selbst gereifte Tagging-Taxonomien die sehr gut ausdefinierten Ontologien des Semantischen Webs mittelfristig nicht ersetzen können.

Weiterhin bietet das *Web 2.0* integrierte Sichten auf dispers vorliegende Datenquellen und kombiniert Applikationen via *Mash-ups* über freie Schnittstellen (*APIs*) zu neuen Services und Darstellungsformen. *Mash-ups* demonstrieren schon heute eindrucksvoll, wie Wissensobjekte in sinnvoll in mehreren Anwendung gleichzeitig an- und wieder verwendet werden und via *RSS, Atom* und anderen Standards plattformunabhängig im Web integriert werden. Durch erste frei zugängliche *semantische Wikis* können schon im heutigen *Web 2.0* einfache konsensfähige und dynamische Ontologien erstellt werden. AJAX demonstriert bereits wie dynamische Webseiten auf eine Vielzahl von Quellen zugreift und sie dennoch benutzerfreundlich darstellt.

Besonders der Aspekt der Einfachheit in Sachen Verständnis und Handhabung von Web 2.0-Technologien und die daraus resultierende hohe Resonanz der Anwender, sollte die Forscher des *Semantischen Webs* inspirieren. Die Verbreitung semantischer Technologien würde schneller vonstatten gehen, wenn auch die Benutzerseite von Anfang an integriert werden könnte. Erst wenn die Nutzer – auch auf Unternehmensseite – die Vorteile des Semantischen Webs in der Praxis selbst erfahren, werden sie selbst diese Entwicklungen durch ihre Beiträge vorantreiben.

Wie genau die weiter Entwicklung des Semantischen Webs vor sich geht ist aus heutiger Sicht schwer abzusehen. Die lange Agenda werden die Forscher und Technologieentwickler noch mindestens fünf Jahre beschäftigen, bevor diese aktiv vom Markt aufgenommen werden. Erfolgsfaktor dafür wird auf jeden Fall eine interdisziplinäre Zusammenarbeit zwischen Wissenschaft, Wirtschaft, Regierungen, Internetnutzern und –Entwicklern sein.

# Abkürzungsverzeichnis

| | |
|---|---|
| AJAX | Asynchrone JavaScript and XML |
| API | Application Programming Interface |
| ESTC | European Semantic Technology Conference |
| ESWC | European Semantic Web Conference |
| FOAF | Friend of a friend |
| HTML | Hypertext Markup Language |
| IP | Internet Protocol |
| ISWC | International Semantic Web Conference |
| OWL | Web Ontology Language |
| RDAWG | RDF Data Access Working Group |
| RDF | Resource Description Framework |
| RDFS | Resource Description Framework Schema |
| RDQL | RDF Query Language |
| RSS | Really Simple Syndication |
| SMW | Semantic Media Wiki |
| SPARQL | SPARQL Protocol and RDF Query Language |
| SQL | Structured Query Language |
| URI | Uniform Resource Identifier |
| URL | Uniform Resource Locator |
| W3C | World Wide Web Consortium |
| XML | Extended Markup Language |

# Literaturverzeichnis

Blumauer, Andreas / Pellegrini, Tassilo (Hrsg.): Semantic Web Fibel 06; Wien 2006

Fensel, Dieter (Hrsg.) / Hendler, James / Lieberman, Henry: Spinning the Semantic Web – Bringing the World Wide Web to Its Full Potential; MIT Press, Cambridge 2005

Hannemann, U. / Henke, R. / Waldemaier, N.: Web 2.0 – Das Mitmachnetz, in FOCUS, Ausgabe Nr. 41- Oktober, München 2006, S. 174-182

Isabel Cruz: The Semantic Web – ISWC 2006, 5th International Semantic Web Conference, Athens, GA, USA, November 2006, Proceeding & White papers; Berlin/Heidelberg 2006

Krötzsch, Markus / Vrandecic, Denny / Völkel, Max: Semantic Media Wiki; Beitrag in: Isabel Cruz: The Semantic Web – ISWC 2006, 5th International Semantic Web Conference, Athens, GA, USA, November 2006, Proceeding & White papers; Berlin/Heidelberg 2006

Tolle, Karsten: Semantisches Web und Kontext – Speicherung von und Anfragen auf RDF-Daten unter Berücksichtigung des Kontextes (Diss.), Frankfurt am Main, 2006

Tusek, Jana: Semantic Web, Sarbrücken 2006

# Internetquellenverzeichnis

Berners-Lee, Tim: Artificial Intelligence and the Semantic Web, online unter: http://w3.org/2006/Talks/0718-aaai-tbl/Overview.html, letzter Abruf 04.03.2007

Berners-Lee, Tim: Semantic Web Road Map, online unter: http://www.w3.org/DesignIssues/Semantic.html; letzter Abruf 25.11.2006

Berners-Lee, Tim / Shadbolt, Nigel / Hall, Wendy: The Semantic Web Revisited, S. 4, online unter: http://www.geospatialsemanticweb.com/wp-content/uploads/2006/07/01637364.pdf, letzter Abruf 09.03.2007

Berners-Lee, Tim: Weaving a Semantic Web, MIT Tech. conference 2001; online unter: http://www.digitaldivide.net/articles/view.php?ArticleID=20; letzter Abruf 18.01.2007

Eberhart, Andreas: Ontology-based Infrastructure of Intelligent Applications (Disseration 2004); online unter: http://scidok.sulb.uni-saarland.de/volltexte/2004/260/pdf/EberhartProfDrWolfgangWahlster.pdf; letzter Abruf 01.03.2007

Frauenfelder, Mark: Das Unvollendete (Interview mit Tim Berners-Lee), in Technology Report, Ausgabe 11/2004, online unter: http://www.heise.de/tr/artikel/52516; letzter Abruf am 05.01.2007

Herman, Ivan: Activities, Recommendations and State of adoption, online unter: www.w3.org/2006/Talks/1109-Athens-IH/Slides.pdf, letzter Abruf 05.03.2007

Herman, Ivan: Questions and answers on the Semantic Web; online unter: http://www.w3.org/2006/Talks/0927-Berlin-IH/Slides.html, letzer Abruf 13.02.2007

Huynh, David / Mazzocchi, Steffano / Karger, David (MIT Computer Science and Artificial Intelligence Laboratory): Piggy Bank: Experience the Semantic Web Inside Your Web Browser, online unter: http://simile.mit.edu/papers/iswc05.pdf, letzter Abruf 14.03.2007

Mark Hapner (Chief Service Strategist von Sun) aus einem Interview gegenüber ZDNet, August 2003, online unter: www.zdnet.de/itmanager/tech/ 0,39023442,2138422,00.htm, letzter Abruf 27.02.2007

Mazzocchi, Stefano / Garland, Stephen / Lee, Ryan: Simile – Practical Metadata for the Semantic Web, online unter: http://www.xml.com/pub/a/2005/01/26/simile.html, letzter Abruf 15.11.2006

Stanford Medical Informatics: Protégé – an open source platform; online unter: protege.stanford.edu/2005; letzter Abruf 12.02.2007

Sven Lennartz - Dr. Web (Webblog), Eintrag vom 01.08.2006: Die Zukunft im Web 3.0; online unter: http://www.drweb.de/weblog/weblog/?p=623, letzter Abruf 11.03.2007

Tauberer, Joshua: What is RDF?, online erreichbar unter: http://www.xml.com/lpt/a/1665; letzter Abruf 03.03.2007

W3C: Official Semantic Web Definition, online unter: http://www.w3.org/2001/sw/; letzter Abruf 02.11.2006

W3C: OWL Features, online unter: www.w3.org/TR/2004/REC-owl-features-20040210, letzter Abruf 12.01.2007

Wikipedia: Ajax (Programmierung), online unter http://de.wikipedia.org/wiki/ Ajax_%28Programmierung%29, letzter Abruf 13.03.2007

Wikipedia: FOAF, online unter: http://www.wikipedia.org/FOAF/, letzter Abruf 10.03.2007

Wikipedia – Semantisches Web, online unter: http://www.wikipedia.org/wiki/SemantischesWeb, letzer Aufruf 12.03.2007

Wikipedia - SPARQL, online unter: http://de.wikipedia.org/wiki/SPARQL, letzter Abruf 03.03.2007

Wikipedia: Web 2.0, online unter: http://wikipedia.org/wiki/Web20, letzter Abruf 10.03.2007

# Anhangsverzeichnis

# Anhang 01 –

## *Programmieren mit eindeutigen URI-Zuweisungen*

> ▸ Beispiel aus der Programmierung mit *URIs* zeigt die Herangehensweise:
>
> Während man in *HTML* noch die Hintergrundfarbe "Color=Red" festlegt, greift die Website im Semantischen Web auf eine *URI* zu, welche beschreibende Daten zum Kontext enthält und die zentralen Farbstandards für Webdesign fest definiert. Also anstatt statisch zu codieren, verweist man im Semantischen Web stattdessen etwa auf eine Seite wie "Color=http:// internationalcolorstandardsite.org/colors/red/v2_rubin" und die Website weiß genau, welche Farbe damit gemeint ist. Dieses Verfahren könnte theoretisch auf *alle* Daten angewendet werden, die auf der Website integriert werden sollen (bspw. Farben, Autoren, Postleitzahlen, Bilder, Musikdaten etc.) Informationen wären somit nicht mehr statisch oder absolut in den Internetseiten verankert, sondern stattdessen ein zusammenhängendes Konzept, welches von einer anderen Website genau definiert wird.

Quelle: Tim Berners-Lee: Weaving the Web, Ansprache auf MIT Technology Review Emerging Technologies Conference 2001; online unter: http://www.digitaldivide.net/articles/view.php?ArticleID=20; letzter Abruf 18.10.2006.

# Anhang 02 –

## *RDF-Aussage in 3 Darstellungsformen Graph, Triple und RDF/XML*

▸ Beispiel-Aussage mit *Website* `http://www.musterseite.de/RDF` `/index.html` als *Subjekt* (kann über URL identifiziert werden) und *Programmierer* in Form von Literal als *Objekt*, hier „`Programmierer XYZ`"

▪ für Verbindung dieser beiden Ressourcen (Objekte) muss Eigenschaft generiert oder gefunden werden, z.B. „*wurde erstellt von*".

▪ Annahme: Eigenschaft „*wurde erstellt von*" wird von der URI `http://www.my.de/vok#creator` repräsentiert (im RDF Namensraum)

▪ voran stehende URI verweist auf Namensraum, dann folgt Name der Eigenschaft (`my:creator`)

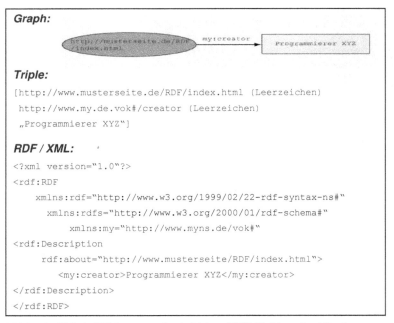

*Graph:*

*Triple:*
```
[http://www.musterseite.de/RDF/index.html (Leerzeichen)
 http://www.my.de.vok#/creator (Leerzeichen)
 „Programmierer XYZ"]
```

*RDF / XML:*
```
<?xml version="1.0"?>
<rdf:RDF
    xmlns:rdf="http://www.w3.org/1999/02/22-rdf-syntax-ns#"
      xmlns:rdfs="http://www.w3.org/2000/01/rdf-schema#"
        xmlns:my="http://www.myns.de/vok#"
<rdf:Description
      rdf:about="http://www.musterseite/RDF/index.html">
        <my:creator>Programmierer XYZ</my:creator>
</rdf:Description>
</rdf:RDF>
```

*Abbildung 01: Einfache RDF-Aussage als Graph, Triple und RDF/XML (eigene Darstellung)*

- wird diese Aussage von einem Menschen gelesen, werden automatisch unterbewusst zusätzliche Infos und Erfahrungswerte genutzt, um die Aussage zu verstehen

- diese ermöglichen es, die Zeichenkette *„Programmierer XYZ"* mit hoher Wahrscheinlichkeit als *Person* zu interpretieren.

- da es das Ziel ist, einem Computer das *„Verstehen"* der Daten zu ermöglichen, sollte die Formulierung der RDF-Aussage ergänzt werden

  ▸ man könnte folgenden zusätzlichen Infos „anheften":

  ▸ http://www.musterseite.de/RDF/index.html wurde von *P* erstellt.

  ▸ *P* ist eine *Person.*

  ▸ *P* hat den *Namen „Programmierer XYZ".*

- es ist zu beachten, dass eine Person (hier *P*) keine URI besitzt

- in diesem Fall könnte man eine *Ressource* definieren, welche die gegebene Person darstellt durch Verwendung einer so genannten *anonymen Ressource (Blank Node)*

- diese besitzt zwar auch eine URI, allerdings ist die konkrete URI nicht wichtig, da sie nicht außerhalb des Dokuments referenziert wird

- die URI einer anonymen Ressource wird auch *Blank Node Identifier* genannt und in der Graphenpräsentation als leeres Oval repräsentiert, in der Tripledarstellung werden sie als „_:1" dargestellt

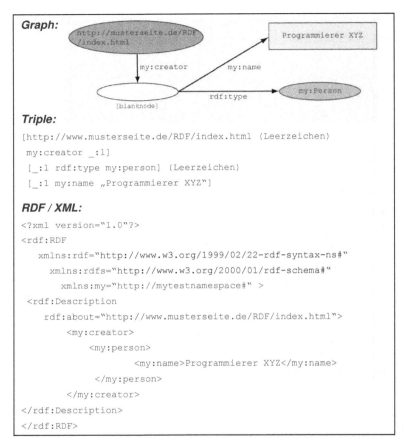

**Graph:**

**Triple:**

```
[http://www.musterseite.de/RDF/index.html (Leerzeichen)
 my:creator _:1]
 [_:1 rdf:type my:person] (Leerzeichen)
 [_:1 my:name „Programmierer XYZ"]
```

**RDF / XML:**

```
<?xml version="1.0"?>
<rdf:RDF
    xmlns:rdf="http://www.w3.org/1999/02/22-rdf-syntax-ns#"
     xmlns:rdfs="http://www.w3.org/2000/01/rdf-schema#"
       xmlns:my="http://mytestnamespace#" >
 <rdf:Description
     rdf:about="http://www.musterseite.de/RDF/index.html">
        <my:creator>
            <my:person>
                   <my:name>Programmierer XYZ</my:name>
            </my:person>
        </my:creator>
 </rdf:Description>
</rdf:RDF>
```

*Abbildung 02: Einfache RDF-Aussage angeheftetem Zusatzwissen (eigene Darstellung)*

# Anhang 03 –

## *Semantische Verknüpfung zweier Datasets via RDF*

► Schritt 1: Beschreibung eines Datensets A aus deutschem Online-Buchhandel als RDF-Relationsmodell

| ID | Autor | Titel | Untertitel | Herausgeber | Jahr |
|---|---|---|---|---|---|
| ISBN-12345-300x | id_xyz | Herr der Ringe | Die zwei Türme | id_abc | 1955 |

| ID | Name | Homepage |
|---|---|---|
| Id_xyz | John Ronald Reuel Tolkien | www.tolkien.com |

| ID | Name | Stadt |
|---|---|---|
| Id_abc | Alfons Bertelsmann | Berlin |

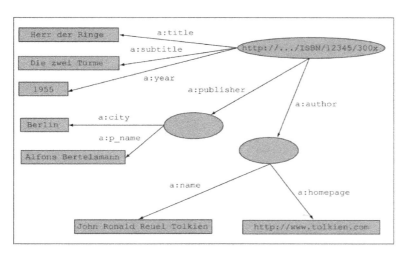

*Abbildung 03: Datensatz aus deutschem Online-Buchhandel (eigene Darstellung)*

► Erläuterungen:

- das mit RDF-Graphen modelllierte Beziehungsnetz basiert auf realen Datenobjekten aus der relationalen Datenbank
- Blanknodes (leere Elypsen) helfen auch auch hier Objekthierarchien aufzubauen, auf die sich später per URI bezogen werden kann
- somit ist es gelungen, die ehemals integrierten Daten als selbstständige Datenobjekten mit ihren Beziehungen untereinander zu beschreiben

► Schritt 2: Beschreibung eines Datensets F aus französischem Online-Buchhandel als RDF-Relationsmodell

| ID | Auteur | ID_Original | Titre | Traducteur | Anno |
|---|---|---|---|---|---|
| ISBN-67890-111Y | id_xyz | ISBN-12345-300x | Le Maitre d´anneau | id_trc | 1955 |

| ID | Nom |
|---|---|
| id_xyz | John Ronald Reuel Tolkien |

| ID | Traducteur |
|---|---|
| id_abc | Jean Pierre Luc |

*Abbildung 04: Datensatz aus französischem Online-Buchhandel (eigene Darstellung)*

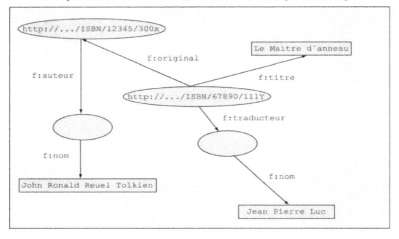

▶ Erläuterungen:

- auch aus der französischen Datenbank werden die Daten in RDF-Form extrahiert, allerdings mit Einschränkungen, da nicht so umfangreiche Daten angelegt wurden
- Original-ISBN ist aber bekannt und es kann im Folgeschritt darauf bezogen werden

▶ Schritt 3: semantische Verschmelzung via RDF durch Definition und Bezug auf gleiche URIs (Buch erhält weltweit einheitliche Adresse)

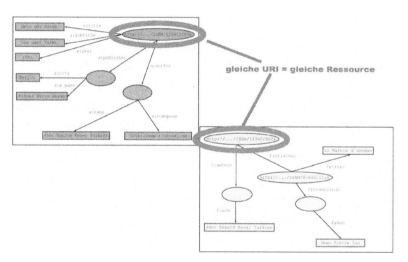

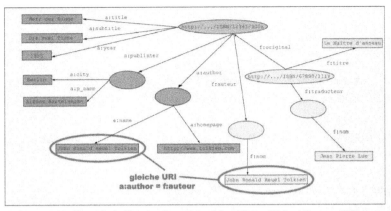

*Abbildung 05 / 06: Semantische Verschmelzung Dataset A und Dataset F durch Bezug auf URI
(eigene Darstellung)*

► Erläuterungen:

- eine Verschmelzung ist nun möglich, da dem Originalbuch eine eindeutige
  URI vergeben wurde
- auch die Autoren-objekte `a:author` und `f:autheur` können miteinander
  verknüpft werden, da sie dasselbe meinen, nur in unterschiedlichen Sprachen
- auch Ähnlichkeiten und ausländische Terminologie kann in RDF dargestellt
  werden

► *Schritt 4: Zusätzliche Ontologien werden eingesetzt, um Sonderinforma-
tionen darzustellen*

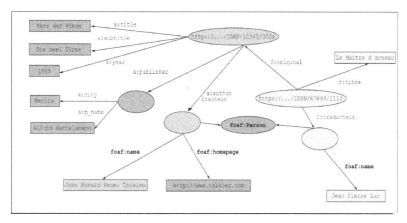

*Abbildung 07: Implementierung von Zusatzwissen in Form von Friena-of-a-friend Systematik (eigene Darstellung)*

▶ Erläuterungen:

- durch die Klassen der Friend-of-a-Friend Ontologie zur Beschreibung von menschlichen Beziehungen, können nun Autor und Übersetzer in Beziehung gesetzt werden
- erkennbar ist diese Schicht am Präfix foaf:

- bereits jetzt sind durch simple semantische Verknüpfungen erweiterte Ab fragen auf Seiten des deutschen wie im französischen Onlinebuchhandel möglich
- die deutsche Seite könnte nun beispielsweise nach den verfügbaren Übersetzungen, Namen und Titeln fragen, obwohl diese Informationen nicht zum Ursprungsdatenbestand gehören
- die französische Seite liefert nun neben der Übersetzung auch wertvolle Informationen aus dem Dataset A wie Erscheinungsort, deutsche Originalausgabe, Erscheinungsdatum und Homepage des Autors. Ergo: für beide Seiten ein Informationsgewinn, bei Vermeidung von redundanter Datenhaltung und maschinen-interpretierbarem Datenformat (RDF)

► weiteres Zusatzwissen könnte nun diesem einfachen Netz noch zugefügt werden und es semantisch aufwerten

▪ denkbar wäre eine Verknüpfung zur *Wikipedia*-Seite des Autors

▪ die darin enthaltene Information zum Geburtsort könnte als eigenes Objekt dargestellt werden und bspw. Durch Übergabe der Geodaten in einer *Google-Map* angezeigt werden

▪ wenn nun im Online-Buchhandel auf dieses Buch zugegriffen würde, wären durch das geknüpfte Beziehungsnetz eine Fülle an Hintergrundinformationen verfügbar, die auch dem Absatz dienlich sein könnten

► Schritt 5: Implementierung von Zusatzwissen über andere Applikationen

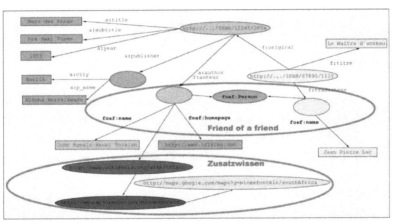

*Abbildung 07: Verschmelzung mit anderen Datenquellen aus Web-Applikationen (eigene Darstellung)*

► Zusammenfassung:

▪ es ist gelungen mittels simpler RDF-Aussagen verschiedene Datasets abzubilden und deren Beziehungen semantisch zu verschmelzen

▪ Objekte mit gleicher Bedeutung erhalten nur eine URI!

▪ auch eine mehrsprachige Integration der Daten ist möglich

▪ Dokumente verschiedenster Herkunft und Format wurden miteinander verschmolzen

▪ diese Informationskonzepte könnten nun auch von anderen Applikationen Genutzt werden, da die Objekte losgelöst aufeinander zugreifen

- Maschinen können jetzt auch die Informationen *verstehen*, und beispiels-weise aufgrund der RDF-Metadaten Vorschläge über Zusatzwissen geben

# Anhang 04 –

## *State of the Art der RDFS-Entwicklung*

- Entwicklung der RDF Metabeschreibungssprache hat bereits mehrere Entwicklungsstufen durchlaufen, wird fortlaufend ergänzt und vom *W3C* standardisiert
- seit 2004 existiert eine stabile und solide Spezifikationsbasis für RDF in Form von gut definierten formalen Semantiken mit klarer RDF/XML Syntax
- mittlerweile ist eine Vielzahl an RDF-Tools verfügbar
    - u.a. • RDF Programmierumgebungen in 14+ Sprachen
        - kompatibel zu den Programmiersprachen *C, C++, Java,* Javascript, Ruby und PHP

- Speicherung der RDF-Vokabelsammlungen in mittlerweile 13+ *Triple Stores* (Datenbanksysteme). z.B.
    - *Ingenta Connect*: Metadatenspeicher für Bibliotheken mit über 200 Mio RDF-Triples
    - *UniProt* Protein Database: 262 Mio. Triples
    - RDF Version von *Wikipedia*: über 47 Mio. Triples
    - RDF/OWL Repräsentation von *Wordnet*: 105 MB RDF/XML (ein gutes Beispiel für die gute Organisation von RDF Daten) [1]

- weiterhin 16+ allgemeine Entwicklungstools (spezialisierte Editoren, Applikations-Entwicklungswerkzeuge)
- für die Verbreitung der semantischen Technologien haben sich große strategische Kooperationen für die Tool-Entwicklung zusammengefunden
- prominente Vertreter sind Adobe, IBM, Software AG, Oracle, HP, Northrop Grumman uva.
- auch kleinere Firmen und unabhängige Entwickler leisten bedeutenden Beitrag bei der Weiterentwicklung dieser Technologie

---

[1] Herman, Ivan: Activities, Recommendations and State of adoption, online unter: www.w3.org/2006/Talks/1109-Athens-IH/Slides.pdf, letzter Abruf 05.03.2007.

- viele der erstellten Prototypen sind Open Source Applikationen, deren Code für jeden zugänglich ist, damit sie in weltweiten Entwicklerarbeitgruppen verbessert werden können
- um die Technologie besser zu verstehen, um sie in der Konsequenz selbst anzuwenden und die Akzeptanz bei Entwicklern und Anwendern zu erhöhen, gibt zahlreiche Veröffentlichungen, Arbeitspapiere (Working drafts), Bücher, Tutorials und aktive Entwickler-Communitys zum Thema RDF

# Anhang 05 –

## *Beispiel für eine Ontologie*

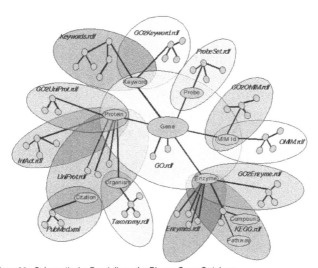

*Abbildung 08: Schematische Darstellung der Biopax Gene Ontology*
Bildquelle: Berners-Lee, Tim: Artificial Intelligence and the Semantic Web, online unter:
http://w3.org/2006/Talks/0718-aaai-tbl/Overview.html /slide #(16)

# Anhang 06 –

## Nutzenpotenzial und State of the Art der Ontologieentwicklung

▶ *Nutzenpotential von Ontologien im Web*

▸ bereits einfache Ontologien können die Applikationen im Web erheblich durch Semantik aufwerten:

- zur *Organisation einer Website*: indem Top-Themen auf die Startseite gestellt werden, und User sich auf einem Blick orientieren können, die Aufmerksamkeit des Nutzers auf sich ziehen und Themen automatisch zu Gruppen zusammengefasst werden (Bsp. *Eilmeldung* auf *www.spiegel.de* und darunter gleich alle Links, die zu diesem Thema gehören, falls man mehr darüber erfahren möchte)

- Ontologien unterstützen auch die *Relevanzeinschätzung des Users*: an hand von Top-Themen, die womöglich am erlernten Geschmack des Benutzers ausgerichtet sind, und so die Relevanz der Seite für den Nutzer erhöht, da dieser interessante Informationen oder Dienstleistungen erwartet

- unterstützen das *Browsing*: Inhalt der Seite kann mit den Begriffen der Taxonomie / Ontologie markiert bzw. identifiziert werden. Wird eine Webseite mit Begriffen aus dem kontrollierten Vokabular meta-markiert, dann können Suchmaschinen diese Identifikation auswerten und erweitern somit die Suchfähigkeiten

- Unterstützung bei *Begriffserklärung*: wenn das gleiche Wort in verschiedenen Taxonomie-Bereichen auftaucht, wird es für die Anwendung unerlässlich die Bedeutung des Wortes zu eruieren. Beinhaltet eine Ontologie bspw. die Information dass „Jaguar" eine Instanz von „Auto" und „Tier" ist, so ist auf Vorschlag der Suchmaschine Auswahl der Bedeutung selektierbar.[1]

▶ *State of the art der Ontologie-Entwicklung*

- feste Spezifikationen und Standards seit 2004, vom W3C in langjährigen Forschungsphasen entwickelt

---

[1] Beispiele vgl. Tusek, Jana: Semantic Web, Saarbrücken, 2006, S.24-25.

- in einigen Sektoren größere Ontologien aufgebaut, bspw. die Lebenswissenschaften und das E-Business, welche große Klassenbibliotheken aufgebaut haben, um schon bald eine interdisziplinäre Forschung und intelligente
E-Commerce-Applikationen zu ermöglichen:
  - *UniProt* über die Beziehungen von Proteinen
  - *The Gene Ontology* zur Beschreibung der Gene und Genproduk-
  ten in Organismen
  - eClassOWL – eBusiness Ontologie für Produkte und Services mit
  circa 75.000 Klassen zur Realisierung von intelligenten „Service-
  Software-Agents"[1]
- Reihe von Programmierumgebungen (in *Java*, *Prolog*), welche die *OWL*
*reasoners* (*OWL-Lite* oder *OWL-DL*) implementiert haben

- Ontologie-Editoren sind auf dem Vormarsch

- Anzahl an Kern-Vokalbularien (*Core Vokabularies*) wurden definiert, um
bestimmte Wissensbereiche detailliert semantisch beschreiben zu können:
  - *SKOS Core* - Vokabular über Wissenssysteme
  - *Dublin Core* - über Informationsressourcen, digitale Bibliotheken
  mit Erweiterungen für Rechte und *Digital Right Management*
  - *Friend-of-a-friend* - über Personen und ihre Organisationen
  - *DOAP* - für die Beschreibung in Softwareprojekten
  - *MusicBrainz* - für die Beschreibung von CDs, Musiktracks
  - *SIOC* - Semantically-Interlinked-Online-Communities.[2]

▶ doch diese können nur ein Anfang sein, es werden mehr Vokabularien,
Regeln und Ontologien für verschiedene Bereiche gebraucht, wofür eine
baldige Community-Beteiligung unerlässlich ist

- *W3C* richtete eine Entwickleranlaufstelle namens *Semantic Web Best Practices and Deployment Working Group* ein, welche zahlreiche Arbeitspapiere
zur Erleichterung der Entwicklungen veröffentlicht.[3]

---

[1] Vgl. Herman, Ivan (W3C): Activities,Recommendations and State of adoption, online unter:
www.w3.org/2006/Talks/1109-Athens-IH/Slides.pdf
[2] Vgl. Herman, Ivan (W3C): Activities,Recommendations and State of adoption, online unter:
www.w3.org/2006/Talks/1109-Athens-IH/Slides.pdf, **letzter Abruf 01.03.2007.**
[3] Linkhinweis: Semantic Web Best Practices and Deployment Working Group, online unter:
http://www.w3.org/2001/sw/BestPractices/, **letzter Abruf 02.03.2007**

# Anhang 07 –

## *Effiziente RDF-Abfrage via SPARQL*

▶Beispiel: diese SPARQL-Abfrage findet die Namen aller afrikanischen Hauptstädte.[1]

```
PREFIX abc: <http://example.com/exampleOntologie#>

SELECT ?capital ?country

WHERE {
    ?x abc:cityname ?capital.
    ?y abc:countryname ?country.
    ?x abc:isCapitalOf ?y.
    ?y abc:isInContinent abc:africa.
}
```

- Variabeln werden mit vorangestelltem „?" gekennzeichnet
- dabei werden alle Variablenbelegungen für ?capital und ?country zurückgegeben, die auf die Muster dieser vier RDF-Tripel passen
- weil das Ausschreiben der URIs die Leserlichkeit einer Abfrage mindert, können Präfixe verwendet werden; hier steht ein „abc:" für „http://example.com/exampleOntologie#"

# Anhang 08 –

## *Semantic Browsing mit Piggy Bank*

▶ *Funktionsweise*

- Funktion der semantischen Suche in *Piggy Bank* basiert auf *RDF(S)-*Technologie und Java (seit Oktober 2006 in Version 3.0 verfügbar)

- mithilfe eines so genannten *Screen Scrapers* (zu deutsch „Bildschirmabstreifer") werden im Code der jeweiligen Webseite verankerten Metadaten, *XMLs, RDFs* und *RSS-Feeds*[2] ausgelesen und in RDF-Daten transformiert und stehen zur Weiterbearbeitung und Speicherung in einem RDF-Browser

---

[1] Vgl. Wikipedia - SPARQL, online unter: http://de.wikipedia.org/wiki/SPARQL, Abruf am 03.03.2007.
[2] Anmerkung: *RSS* steht für *Really Simple Syndication* (auch *RSS-Feed* genannt), eine Technologie zum Abonnement von Webseiten-Inhalten. RSS wird verwendet, um Artikel einer Webpräsenz oder deren Kurzbeschreibungen (insbesondere Nachrichtenmeldungen) zu speichern und in maschinen lesbarer Form bereitzustellen. Er solcher *Feed* besteht aus einer XML-Datei, welche den reinen strukturierten Inhalt – beispielsweise einer Nachrichtenseite – bereithält, aber keinerlei Layout, keine Navigation oder sonstige Zusatzinformationen beinhaltet.

*visualisiert* zur Verfügung

*Abbildung 09:* Piggy Bank Benutzeroberfläche mit zahlreichen Filterfunktionen
*(eigene Darstellung - Screenshot)*

- *Screen Scraper* ist ein Softwaremodul, welches versucht den HTML Code

nach Informationen zu durchforsten und diese dann auszuwerten
- *Piggy Bank* implementiert verschiedene Möglichkeiten an diese Informatio-

nen der Webseite zu gelangen
- zunächst wird der Inhalt der bestehenden Seite in RDF dargestellt, die von
*Piggy Bank* interpretiert werden kann

- Hauptvorteil besteht darin, dass es *automatisierte, zielgerichtete* und *kom-*

*binierte* Auswertungen (Beispiel: *Scraper* um die Geodaten und die Filman

gebote mehrerer Kinos auf einer Karte darzustellen und auszuwerten) [1] von

*relevanten* Informationen erlaubt

- *Screen Scraper* wandeln reguläre Webseiten in semantische Webseiten

um, indem sie die relevanten Daten von der eigentlichen Seite trennen, aus
lesen und anschließend für die weitere Verwendung zur Verfügung stellen
- *Scraper* können je nach Anspruch modifiziert werden, müssen allerdings

selbst geschrieben werden (nicht für Normalnutzer machbar)

- für versierte Entwickler gibt es allerdings schon fertige Tools bspw. *Solvent* [2]

von *SIMILE* der zu Piggy Bank voll kompatibel ist, oder veröffentlicht in der

---

[1] Linkhinweis: http://www.film.de/kinosuche.php
[2] Linkhinweis: http://simile.mit.edu/solvent/

*Semantic Bank[1]*, wo angemeldete Benutzer auch ihre gesammelten Daten dauerhaft speichern können und anderen eine semantische Suche mit den definierten Tags ermöglichen

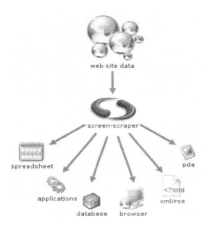

*Abbildung 10: Schematische Darstellung zur Funktionsweise eines Screen-Scrapers*
**Bildquelle:** http://screen-scrapers.com/media/home_page_ss_visual.png

- gesammelte Daten können nun im Frontend von Piggy Bank sortiert, gefiltert und kombiniert werden
- durch zusätzliche Vergabe eigener Schlagwörter, so genannte *Tags, (dazu intensiv unter 3.2.1 Tagging und Folksonomies – geminschaftliches Indexieren)* gibt man den gespeicherten Seiten die Bedeutung, die sie für den Nutzer in sich tragen
- über die freie Suche kann der Anwender nun über seine semantischen Schlagwörter suchen und vor allem seine Suche durch systematische Eingrenzung des Themas verfeinern und eingrenzen

▶ *Software Architektur*

---

[1] **Linkhinweis:** http://simile.mit.edu/bank/

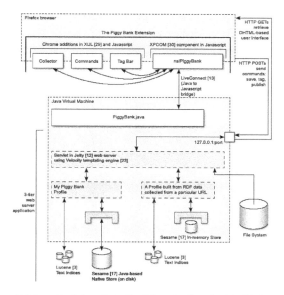

Abbildung 10: *Schematische Darstellung der Piggy Bank Architektur*
Bildquelle: http://simile.mit.edu/wiki/Piggy_Bank_Architecture

- *Piggy Bank* ist als *3 Tier-Web-Server-Anwendung*, in 3 Schichten angelegt:
  - *Datenbankschicht* speichert persistent die Daten der *My Piggy Bank* ab
  - diese Daten werden von einer *Logikschicht* für die erweiterte Darstellung aufbereitet und sie steuert die eigentliche Anwendung
  - *Visualisierungsschicht* kreiert über Templates das Benutzer-Interface in DHTML
- das Frontend (Visualisierungsschicht) wird über Chrome[1] und XPCOM[2] realisiert
- *Chrome* ist eine Erweiterung von Firefox und erkennt selbstständig wenn Dokumente geladen werden, ruft die entsprechenden *Scraper* auf
- Chrome bietet Schnittstellen über *XUL* (*XML User Interface Language*)[3] für die *XPCOM*-Komponente (*nsIPiggyBank* in *Javascript*) bereit und stellt so die Verbindung zwischen *Chrome* und dem *Java Backend* her.

---

- *Java Backend* läuft auf einer *Java Virtual Machine* als lokaler Server, auf dem alle gesammelten Daten gespeichert (persitent und temporär), aufbereitet und per *HTTP*-Schnittstelle zur Visualisierung an das Frontend über geben werden

- Kommunikation zwischen den Schnittstellen via *AJAX*-Technologie [1] (*Asynchrone JavaScript and XML, dazu mehr im Kapitel 3.2.3 AJAX*)

- wenn bspw. eine Seite *getaggt* wird, so werden diese Daten von *Chrome* aus über *XPCOM* als *HTTP Post* an den integrierten Server geschickt und in Gegenrichtung Taggingvorschläge über *AJAX* generiert /kommuniziert

- als Datenbank wird *SESAME*[2] genutzt, welche bereits Unterstützung für *RDF* mitbringt[3]

▶*Nutzung des Semantischen Browsers*

- zunächst müssen die relevanten Daten gesammelt werden
- besitzt eine Seite RSS-Feeds, RDF-,XML oder N3-Daten, so kann einer der *PiggyBank Screen Scraper* diese Daten von der Webseite extrahieren und in einem einheitlichen RDF-Format abspeichern
- sind solche Daten auf einer Website vorhanden, welche meist für den Nutzer unsichtbar in den Metadaten der Seite befindet, so erscheint an der rechten unteren Ecke des Browserfensters eine Münze
- ein Klick und der lokale PiggyBank Server öffnet sich, um diese Daten wieter zu taggen und zu speichern
- die im Laufe der Zeit sehr umfangreichen persönlichen Datensammlungen, lassen sich semantisch durch gezielte Tagging-Suche durchsuchen und vor allem visualisieren (*siehe nachfolgende Abbildung*)

- eröffnet der User nun einen Account bei „Semantic Bank" stehen seine Ergebnisse und auch dessen Tags auch anderen Usern ihm weltweit zur Verfügung

---

[1] Linkhinweis: http://de.wikipedia.org/wiki/Ajax_(Programmierung)
[2] Linkhinweis: http://www.openrdf.org/
[3] Vgl. Huynh, David / Mazzocchi, Steffano / Karger, David (MIT Computer Science and Artificial Intelligence Laboratory): Piggy Bank: Experience the Semantic Web Inside Your Web Browser, online unter: http://simile.mit.edu/papers/iswc05.pdf, letzter Abruf 14.03.2007

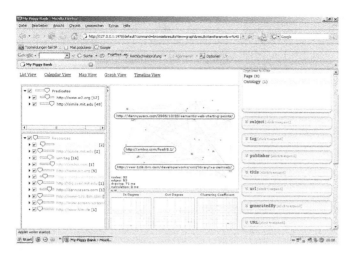

*Abbildung 11: RDF-Visualisierung von Webseiten und die Beziehung zu ihren Tags*
*(eigene Darstellung – Screenshot vom lokalen Piggy Bank Server)*

# Anhang 09 –

## *Semantic Media Wiki – semantischer Wissens- / Datenspeicher*

*Abbildung 12: Semantic Media Wiki – Benutzeroberfläche*
Bildquelle: Screenshot Ontoworld.org, online unter: http://ontoworld.org/wiki/Main_Page

- *Semantic MediaWiki* bietet zwei Arten, um Informationen zu einer Seite ex-
pliziter zu machen: Typisierte Verweise (Relationen) und (Seiten-)Attribute.

- SMW nutzt die so eingegebenen Informationen auf verschiedene Arten:
  - aufgrund der Daten Anfragen an das Wiki stellen (hat man zum Beispiel Attribute für das Geburts- und Sterbedatum von Personen eingeführt, dann kann man die Liste aller Personen abfragen, die zwischen 1945 und 1960 gestorben sind, geordnet nach dem Todestag)
  - Anfragen direkt beim Editieren eines Artikels eingeben, wobei im Artikel stattdessen die Anfrageergebnisse erscheinen
  - Auf diese Weise ist es möglich, dass die gesamte Leserschaft eines Wikis von semantischen Anfragen profitiert, auch ohne vorher die Syntax von SMW erlernen zu müssen.

- für Wiederverwendung der Daten auch können die semantischen Informationen auch direkt herunter geladen werden (Daten werden dazu im freien RDF-Format abgespeichert und können in anderen RDF/OWL-Anwendungen wieder verwendet werden)
- damit wäre es zum Beispiel möglich, eine Datenbank mit den Kerndaten aller deutschen Städte anzulegen, ohne alle entsprechenden Wikipedia-Artikel zu lesen
- Ziel ist es, dass dadurch die einmal ins Wiki eingegebene Information nicht durch technische Barrieren an die Darstellung in *MediaWiki* gebunden ist, sondern auch in vielen neuen Anwendungen verwendet werden kann
- weiterhin ermöglicht der Datenaustausch in RDF auch die Kombination von Informationen aus verschiedenen Quellen, zum Beispiel um Zugriff auf die vereinten Inhalte mehrerer Wikis zu erhalten.

# Anhang 10 –

## *FOAF –Ontologie am Beispiel*

- mit den *FOAF-RDF-Schemen* ist es mittlerweile sogar möglich auch veröffentlichte Fotos zu indexieren, und auch visuell zu erklären, wen man noch kennt (*siehe nachfolgende Abbildungen*)

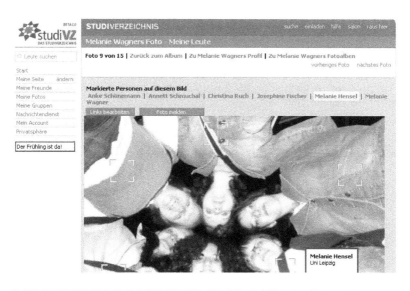

*Abbildung 12 / 13: Friend of a friend – Visualisierungen in StudiVZ und auf XING*
Bildquellen: Screenshots http://studivz.net und http://xing.de (jeweils mit Anmeldung)

- um eine FOAF-Datei zu erstellen, muss ein Formular wie das auf
  http://www.ldodds.com/foaf/foaf-a-matic.html ausgefüllt werden. Aus dieser
  Information wird eine im semantischen Web lesbare Textdatei erzeugt, die
  auf die persönliche Webseite gestellt werden kann. Es gibt semantische
  Webseiten, die diese Daten auslesen und etwa eine Liste von Fotos geben,
  die Sie mit anderen Leuten verbinden
- *Tim Berners-Lee* ist bspw. drei Fotos von *Frank Sinatra* entfernt, weil er mit

*Bill Clinton* fotografiert wurde, der mit einem der *Kennedys* fotografiert wurde, der mit *Frank Sinatra* fotografiert wurde.[1]

- Im sozialen Bereich gibt es eine Anwendung der *FoafCorp* mit dem Spitznamen *Fatcats*, das zu jedem gewünschten Unternehmen zeigt, wer dort im Beirat sitzt, indem es einen Graphen mit den Verbindungen zwischen den Leuten zeichnet. So können Sie die Einflusssphären der amerikanischen Unternehmenskultur erkunden.[2]

---

▶ *Beispiel eines RDF-Dokuments mit FOAF-Angaben (generiert für den Verfasser online unter:* http://www.ldodds.com/foaf/foaf-a-matic.html

```
<rdf:RDF xmlns:rdf="http://www.w3.org/1999/02/22-rdf-syntax-ns#"
xmlns:foaf="http://xmlns.com/foaf/0.1/"
xmlns:dc="http://purl.org/dc/elements/1.1/"
xmlns:rdfs="http://www.w3.org/2000/01/rdf-schema#">
<!-- Informationen zu einer Person: -->
<foaf:Person xml:lang="en">
<!-- Name: -->
<foaf:name>Manuel Kerstan</foaf:name>
<!-- E-Mail-Adresse: -->
<foaf:mbox rdf:resource="mailto:m.kerstan@populario.de"/>
<!-- private Webseite: -->
<foaf:homepage rdf:resource="http://www.manuelkerstan.com/"/>
<!-- Nickname: -->
<foaf:nick>Emkai</foaf:nick>
<!-- Foto: -->
<foaf:depiction
rdf:resource="http://upload.wikimedia.org/wikipedia/commons/Manuel_Kerstan_
in_Sydney.jpg" />
<!-- Die Person kennt folgende andere Personen: -->
<foaf:knows>
<!-- Informationen zu einer anderen Person: -->
<foaf:Person>
<foaf:name>Sven Hallbauer</foaf:name>
</foaf:Person>
</foaf:knows>
</foaf:Person>
</rdf:RDF>
```

- Möglichkeiten der *Wiederverwertung* von Daten werden damit eindrucksvoll gezeigt

---

[1] Frauenfelder, Mark: Das Unvollendete (Interview mit Tim Berners-Lee), in Technology Report, Ausgabe 11/2004, online unter: http://www.heise.de/tr/artikel/52516; letzter Abruf 05.01.2007
[2] Ebenda.

# Anhang 11 –

*Web 2.0 – Charakteristika für Anwendungen und Technologien*

*Abbildung 14: Begriffe, Technologien und Charakteristika die Web 2.0 zugeordnet werden*
Bildquelle: http://de.wikipedia.org/wiki/Bild:Web20_de.png

▶ Charakteristika des Web 2.0 nach O´Reilly [1]

• das Web als Plattform (anstatt des lokalen Rechners)

• Daten-getriebene Anwendungen (Inhalte sind wichtiger als das Aussehen)

• Die Vernetzung wird verstärkt durch eine „Architektur des Mitwirkens"

• Innovationen beim Aufbau von Systemen und Seiten, durch die Verwendung von Komponenten, welche von verschiedenen Entwicklern erstellt worden sind und beliebig miteinander kombiniert werden können (ähnlich dem Open Source-Entwicklungsmodell).

• einfache Geschäftsmodelle durch das verteilte, gemeinsame Nutzen von Inhalten und technischen Diensten

• Ende des klassischen Softwarelebenszyklus; die Projekte befinden sich immerwährend im Beta-Stadium.

---

[1] Vgl. Wikipedia – Web 2.0, online unter: http://wikipedia.org/wiki/Web_2.0,

- Software geht über die Fähigkeiten eines einzelnen Verwendungszwecks hinaus
- Trennung von lokaler und zentraler Datenhaltung schwindet
- lokale Anwendungen greifen auf private Anwendungen im Netz zu. Suchmaschinen greifen auf lokale Daten zu: Der Desktop wächst ins Netz und das Netz wächst in den privaten PC.
- Trennung von lokalen und netzbasierten Anwendungen schwindet: Software-Programme aktualisieren sich selbstständig übers Netz, laden Module bei Bedarf übers Netz nach und nutzen zunehmend den Internet-Browser als universelle Benutzerschnittstelle für Anwendungen.
- Trennung von Editoren und Nutzern schwindet: User stellen eigene Beiträge auf Servern ein (User Generated Content). Weblogs verlagern das Private ins Öffentliche.
- Trennung zwischen einzelnen Diensten schwindet: Bestehende Webinhalte verschiedener Dienste werden über offene Programmierschnittstellen nahtlos in Form von Mashups zu neuen Diensten (re-)kombiniert.
- durch die oben genannten APIs und Neuerungen beim Programmieren von browsergestützten Applikationen ist es dem allgemeinen User, der nicht über ausgeprägte oder aber gar keine Programmierkenntnisse verfügt, um ein Vielfaches leichter geworden, aktiv am Prozess der Informationsverbreitung/Meinungsverbreitung teilzuhaben.

► Kritiker des Web 2.0 meinen sehr oft, diese Technologien sind nicht wirklich neu, eher ein normale Weiterentwicklung des *Web 1.0* als ein echter Quantenspruch, der eine neue Serialisierung zu *Web 2.0* rechtfertigt (siehe nachfolgende Abbildung)

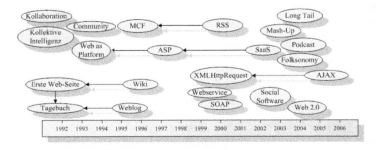

*Abbildung 15: Web 2.0 doch nur ein Hype? – Die Entwicklung der Webtechnologien*
Bildquelle: http://www.scill.de/content/2006/09/21/web-20-buzz-zeitstrahl/

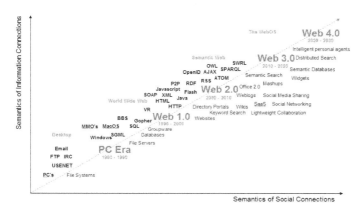

*Abbildung 16: Webtechnologien gestern – heute – morgen*
(fest steht die Semantik von sozialen Kontakten und Informationen wird steigen, welche
Technologie dies realisiert ist noch offen. Intelligente Softwareagenten und andere Visionen Berners-Lee´s werden erst ab 2020 erwartet)
Bildquelle: http://www.radarnetworks.com

# Anhang 12 –

Beispiele für Folksonomies – gemeinsames Indexieren für mehr Semantik im Web

- praktisch umgesetzt und für jedermann nutzbar ist das 2003 gegründete
Lesezeichensystem *Delicious* des Tag-Erfinders *Joshua Schachter* aus
New York, mit welchem mittlerweile circa 250.000 Nutzer ihre persönlichen
Lesezeichen (*bookmarks*) taggen, verwalten, und mit anderen teilen.[1]

- das Entscheidende am Taggen ist, dass es öffentlich im Web passiert, dass
man über Plattformen wie die Foto-Community *Flickr* oder den Bookmark-
Dienst *del.icio.us* die für relevant befundenen Objekte und ihren Tags anderen Usern zugänglich macht. Potenziell können also alle User sehen
was man persönlich gut findet

- klickt man auf entsprechenden Tag, der bei einem Resonanz ausgelöst
wurde, oder gezielt (semantsich) gesucht wurde, werden andere Ergebnis-

---

[1] U. Hannemann / R. Henke / N. Waldemaier: „Web 2.0 – Das Mitmachnetz" in FOCUS, Ausgabe Nr.
41, München, 9. Oktober 2006, S. 172-182.

objekte angezeigt, die andere entdeckt haben und einem persönlich auch interessieren dürften, auf die man aber selbst nie gestoßen wäre

- da dadurch ein persönlicher Bezug zum Tag-Autor besteht, werden auf diese Weise auch bisher einander unbekannte Menschen, die sie aber vielleicht an zwei unterschiedlichen Orten auf der Welt aufhalten, unbeabsichtigt einander bekannt gemacht

- eine einfache Navigation zwischen den Tags wird weiterhin durch die Visualisierung in Form einer Schlagwort-Wolke (*tagging cloud*) unterstützt: die am häufigsten verwendeten Tags werden in einem größeren Schriftgrad dargestellt. So weiß der Nutzer intuitiv auf den ersten Blick, welche Themen (Nachrichten auf http://www.spiegel.de, Blogeinträge auf http://www.technorati.com, interessanteste Webseiten zum Thema auf http://www.del.icio.us) gerade am aktuellsten und interessantesten sind bzw. kontrovers diskutiert werden (*siehe folgende Abbildung*).

Abbildung 17: *Tagging-Cloud der am meisten verwendeten Tags für Bilder auf Flickr*
Bildquelle: http://flickr.com/photos/tags

61

*Abbildung 18: Tagging-Cloud der am meisten verwendeten Tags für persönliche Websites*
(mit Möglichkeit Tags nach Themen zu bündeln, semantisch zu suchen und Tagging-Vorschläge)
Bildquelle: Screenshot http://del.icio.us

*Abbildung 19: Tagging-Cloud der aktuellsten Themen des Weltgeschehens*
(auf einen Blick den Überblick über die Nachrichtenlage bekommen; verwandte Artikel werden gebündelt dargestellt)
Bildquelle: http://www.spiegel.de/spiegeldigital/0,1518,444591,00.html

- Szenario für die Zukunft des Tagging: Erweiterung der *Folksonomies um RDF*-Schemen zu „Folksologies" (Folk + Ontologies): das heißt das bspw. Tags mit Ontologien angereichert werden könnten, welche Konzepte und Relationen der Tags beschreiben.

# Anhang 13 –

## *Mash-ups – Funktionsweise und Praxisbeispiele*

▶ Funktionsweise von Mashups via APIs

- möglich wird dieses Mischen von verschiedene Datenquellen über offene Schnittstellen der Datenservices so genannte *Application Programming Interfaces* (nachfolgend kurz: *API*) und einem einfachen Datenaustausch via *Really Simple Syndication (*nachfolgend *RSS*) und *XML*
- . eine der bekanntesten *APIs* ist die *Amazon API*, die es mit einem ange schlossen Empfehlungssystem (auch: *Recommendersystem*) auch aus an deren Anwendnungen heraus für den Benutzer im Kontext für ihn interessante Literatur zu unterbreiten
- der Nutzer soll, wie im Semantsichen Web, genau die Informationen bekommen, die er sucht - unabhängig vom Aufbewahrungsort

- eine der größten Entwicklerplattformen für *Mash-ups*, wo sich Webentwicker inspirieren lassen, Anwendungen demonstrieren, testen sich von anderen Entwicklern Feedback einholen, ist http://www.programmableweb.com
- derzeit sind darin circa 1500 *Mash-ups* aus verschiedenen Kategorien abrufbar, welche circa 180 Webkomponenten und –services miteinander verknüpfen

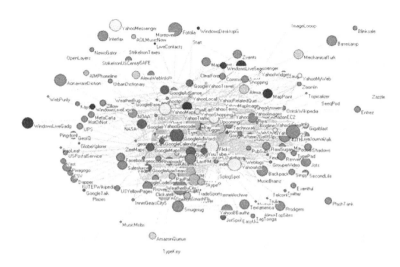

*Abbildung 20: Netz eingebundener API-Schnittstellen auf programmableweb.com*
Bildquelle: http://www.balaiyer.com Bala Iyer (Blogeintrag vom 23.02.2007): Mashup Network

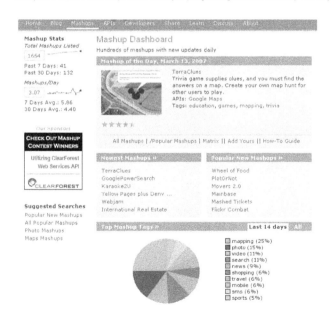

*Abbildung 21: Schwarzes Brett für Mash-ups auf programmableweb.com*
(auch hier ermöglichen Tags eine Suche nach entsprechenden Entwicklungen. Interessant sind die *Top Mashup Tags:* sie verdeutlichen dass Mash-ups tendenziell zum *visualisieren* genutzt werden.)
Bildquelle: Screenshot http://www.programmableweb.com/mashups

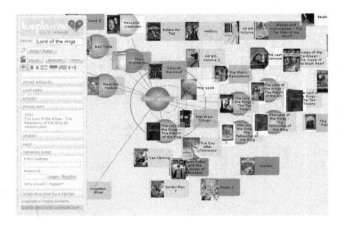

*Abbildung 22: Mash-up Liveplasma.com*
(nutzt die Amazon-API um benachbarte Künstler, Bücher, Filme, Musik zu einem Schlagwort in
3D-Netz-Form zu visualisieren. Dieses Netz ist im Laufe der Zeit durch die Kaufgewohnheiten und
Geschmäcker der Amazon-Kunden entstanden und ist in der Lage Vorschläge zu unterbreiten).
Bildquelle: Screenshot http://www.liveplasma.com

- normalerweise ist diese Technik nur für erfahrene Webentwickler realisier-
  bar, doch seit Anfang Februar 2007 ist eine weitere Mash-up-Entwickler-
  plattform *Pipes* vom Suchmaschinenanbieter *Yahoo* online gegangen

- mit dieser Anwendung ist es erstmals gelungen auch unerfahrenen Entwicklern den Zugang zur Mashup-Techologie zu verschaffen, *ohne* die Anwendung von Javascript, vollständig *browserbasiert* und *visualisiert* – ein
  Baukasten für eigene einfache *Mash-ups*

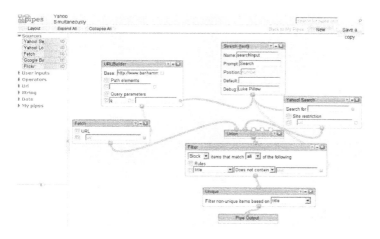

*Abbildung 23: Mash-up-Baukstasten Pipes von Yahoo*
(durch Drag and Drop ohne Code zum erfolgreichen Mash-up. Alle Entwicklungen können geclont oder für eigene Zwecke modifiziert werden. Dieses Beispiel zeigt eine Suchmaschine, welche Yahoo und Google gleichzeitig auf einer Oberfläche abfragt).
Bildquelle: Screenshot http://pipes.yahoo.com/pipes (Yahoo-ID erforderlich)


►*RSS-Weiterentwicklung ATOM*


• auch die RSS-Technologie wird noch semantisch aufgewertet durch poten-
tiellern Nachfolger XML-Standard *Atom* für den plattformunabhängigen
Austausch von Informationen

• Atom entstand aus dem Bedürfnis heraus, die Vorteile der unterschiedlichen RSS-Formate in einem neuen Format zusammenzufassen und um
neue Elemente zu ergänzen

• dabei haben die Entwickler – alle zusammen in überwiegender Mehrzahl
Blogger – Atom auch so gestaltet, um den speziellen Bedürfnissen von
Weblogs und Nachrichtenseiten gerecht zu werden.[1]

• hauptsächliche Besonderheit von Atom gegenüber RSS ist die Möglichkeit, bei inhaltstragenden Elementen anzugeben, um *was für Inhalte* es
sich handelt (Semantik kann mit übertragen werden).[2]

---

[1] Anmerkung des Verfassers: Die aktuelle Version des *Atom Syndication Formats* ist der IETF-Entwurf vom 11. August 2005, welcher vom IESG im August 2005 als *Proposed Standard* abgesegnet wurde und im Dezember 2005 als RFC 4287 veröffentlicht wurde. Damit ist Atom ein offizieller Internetstandard. Die meisten größeren Feed-Anbieter arbeiten bereits daran, das Format zu unterstützen.
[2] Linkhinweis: Wikipedia: ATOM, online unter: http://wikipedia.org/wiki/ATOM_(XML-Format)

# Anhang 14

## *AJAX Praxisbeispiel: Mobile Office im Web mit Goowy*

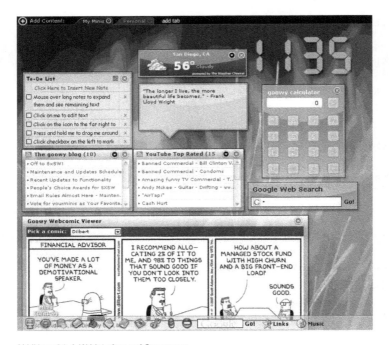

*Abbildung 24: AJAX-Interface auf Goowy.com*
Bildquelle: Screenshot http://www.goowy.com

- durch AJAX werden dynamische Desktop-Simulation und virtuelle Betriebs-systeme möglich
- auf dem Desktop werden einzelne Element permanent dynamisch nachge-laden (z.B. RSS-Feeds zu YouTube oder Blogs, Nachrichten etc.)
- weiterhin gibt es zahlreiche Anwendungen auf einer Plattform: dazu gehö-ren ToDo-Listen, Taschenrechner, Adressbuch, Kalender, Wetteranzeige, Dateiablagesystem, uvm.

- durch AJAX können je nach Vorlieben des Benutzers losgelöste Objekte des Web über freie Schnittstellen (vgl. Mash-ups) dynamisch auf eine Oberfläche importiert werden
- wegweisend für die Visualisierung von Wissensressourcen im Semantischen Web

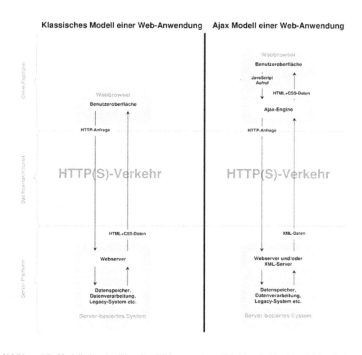

*Abbildung 25: Modell einer traditionellen Webanwendung (links) im direkten Vergleich mit einer Ajax-Webanwendung (rechts)*
Sämtliche Anwendungsdaten werden auf dem Server in einer Datenbank und/oder einem Legacy-System abgespeichert.
Bildquelle: http://de.wikipedia.org/wiki/Ajax_%28Programmierung%29